COLLECTION
FOLIO ESSAIS

Marcel Gauchet

La révolution moderne

L'avènement de la démocratie

I

Gallimard

Dans la même collection

LA RELIGION DANS LA DÉMOCRATIE, n° 394.
LA CONDITION HISTORIQUE, n° 465.
LE DÉSENCHANTEMENT DU MONDE, n° 466.

© *Éditions Gallimard, 2007.*

Marcel Gauchet est directeur d'études à l'École des hautes études en sciences sociales et rédacteur en chef de la revue *Le Débat*.

Introduction générale

DE LA DÉMOCRATIE LIBÉRALE COMME RÉGIME MIXTE

La présente entreprise constitue la suite du *Désenchantement du monde*. Il s'était agi, dans ce livre, à la fois de mettre en évidence ce qu'avait été l'emprise organisatrice du religieux dans l'histoire des sociétés humaines, et de faire ressortir, dans l'autre sens, comment l'originalité occidentale procédait de la sortie de la religion. C'est la pointe avancée de ce mouvement, ses développements les plus récents, quand il prend l'aspect de la consécration du pouvoir des hommes de se gouverner eux-mêmes, qu'envisagent les quatre volumes de *L'Avènement de la démocratie*.

Continuité d'inspiration, mais différence de démarche : l'objet du *Désenchantement du monde* était de proposer un modèle général des relations entre religion et politique et de leurs transformations ; l'objet de *L'Avènement de la démocratie* est de donner, à la lumière de ce modèle, une analyse en profondeur de l'histoire du XXe siècle et des vicissitudes que le phénomène démocratique y a connues. Même s'il ne s'agit pas de raconter, mais de rendre intelligible, l'ambition d'établir l'aptitude du modèle à rendre compte des « choses telles qu'elles se sont réellement passées », dont des choses spécialement rebelles à l'explication, requiert d'entrer assez avant dans l'examen de l'histoire se faisant et des représentations qui guident ses acteurs. D'où l'ampleur du résultat, en dépit de l'extrême stylisation de l'analyse. L'enjeu est de parvenir à percer la formule du monde désenchanté, derrière la fausse transparence qui nous la cache, et de pénétrer le secret de son cours déroutant.

À cet égard, la perspective reste la même par rapport au *Désenchantement du monde*. La thèse que ces volumes s'emploient à défendre et à illustrer est que les structures de la société autonome s'éclairent uniquement par contraste avec l'ancienne structuration religieuse. De l'intérieur, nous sommes aveugles sur ce qui soutient notre prétention de nous donner notre propre loi et sur ce qui lui permet de s'exercer. Il faut emprunter le détour de l'ordre hétéronome et de la façon dont nous en sommes sortis pour discerner les contours et les rouages du dispositif où nous évoluons, au-delà de cette orgueilleuse conscience, qui nous trompe, d'être les auteurs de nos règles. Ce n'est qu'en ayant suivi la refonte générale des articulations du domaine collectif par laquelle se solde la soustraction à l'obéissance aux dieux, que l'on prend la mesure du phénomène démocratique dans toutes ses dimensions. C'est la condition pour l'appréhender dans sa cohérence globale, dans son épaisseur organisationnelle et dans sa dynamique interne, cette dynamique qui place son existence sous le signe de l'advenue permanente ; bref, c'est la condition pour lui reconnaître sa portée de configuration inédite de l'être-ensemble. C'est cette part structurelle et inconsciente du fonctionnement de la démocratie des Modernes que cette série de livres cherche à exhumer — mais, importe-t-il de préciser, en la saisissant systématiquement au travers de sa réfraction dans la conscience des acteurs. La prise en compte de cette organisation de l'autonomie, de l'autonomie comme organisation, ouvre, on le verra, sur une idée renouvelée de la nature de la démocratie des Modernes ou, pour être exact, de son mode de composition et, à partir de là, des problèmes qu'il lui est consubstantiel d'affronter.

Il y a une raison supplémentaire d'adopter cette perspective de la sortie de la religion. La structuration religieuse ne relève pas simplement d'une histoire ancienne utile à considérer pour déchiffrer notre différence. Elle a montré une incroyable prégnance, bien au-delà de son règne officiel, qui oblige à la regarder comme une donnée constitutive de l'histoire récente. Elle est le fantôme qui hante l'histoire du XXe siècle. En apparence, est-on tenté de juger, après 1900, l'émancipation de la scène publique est acquise, avec la consécration irrésistible du suffrage universel, de telle sorte que l'histoire de la démocratie est devenue indépendante du religieux, regardé comme principe ordonnateur, quelque poids que la croyance puisse garder dans la vie politique. En réalité, il n'en est rien. Certes, à l'évidence, la religion ne commande plus l'être-ensemble ; il n'empêche que la forme qu'elle lui communiquait n'a aucunement disparu pour autant. Elle continue d'empreindre le mécanisme collectif, de manière souterraine. De la même façon, si la vision religieuse de l'existence en commun a perdu son autorité manifeste sur les esprits, elle conserve un empire latent. Cet héritage invisible est l'un des paramètres déterminants de l'histoire du XXe siècle, à titre direct ou indirect. Il est le ferment occulte de quelques-uns de ses aspects les plus obscurs. Sans lui, l'énigmatique explosion des religions séculières demeure inexplicable. Aussi bien, en sens inverse, est-ce en fonction de son effacement que la réorientation non moins mystérieuse de la marche de nos sociétés à partir des années 1970 peut être véritablement comprise. Contre les apparences, le parcours de la démocratie au cours du dernier siècle aura été gouverné par les ultimes avatars de la relation, devenue secrète, entre religion et politique. C'est l'autre dimension enfouie que la lecture ici développée s'attache à mettre au jour.

Le propos s'organise naturellement autour des nœuds principaux de cette odyssée. Car l'advenue continuée de la démocratie est tout sauf un périple tranquille.

Le premier volume, *La Révolution moderne*, constitue une sorte de prologue. Il campe l'arrière-fond, en retraçant sous une forme ramassée l'unique révolution qui court, entre 1500 et 1900, à travers les multiples révolutions de la modernité — la révolution religieuse du XVIe siècle, la révolution scientifique, les révolutions politiques d'Angleterre et de France, la révolution industrielle —, à savoir la révolution de l'autonomie. Surtout, il s'emploie à dégager les composantes spécifiques du monde désenchanté qui émergent au fil de ce parcours, dans l'ordre politique, dans l'ordre juridique et dans l'ordre historique. L'identification de ces structures et de ces axes pratiques permettant un fonctionnement autonome des communautés humaines est la clé de la caractérisation de la démocratie des Modernes. L'originalité de celle-ci est de reposer sur la combinaison des trois éléments, combinaison qui est en même temps son problème récurrent, étant donné les propriétés des éléments en question.

Le deuxième volume, *La Crise du libéralisme*, se concentre sur l'analyse de la période charnière 1880-1914, matrice du XXe siècle en ses tragédies aussi bien qu'en ses réussites. Il s'attache à montrer que c'est précisément alors que se noue le problème de la composition des vecteurs de la modernité autonome, le problème de la démocratie des Modernes comme « régime mixte ». C'est ce problème qui gît derrière les désillusions et les rejets dont le régime de la liberté se met à faire l'objet, au moment même où il l'emporte et se parachève, grâce à l'association du suffrage universel et du gouvernement représentatif. Mais ce sont les implications religieuses sous-jacentes du problème qui lui confèrent un relief dramatique. Le nouvel univers qui se déploie sous l'effet de la triple poussée de l'orientation vers l'avenir, de la forme État-nation et de l'individu de droit fait exploser le cadre hérité de l'univers sacral qui avait soutenu jusque-là l'édifice des libertés fraîchement acquises. Le sol se dérobe en même temps que le mécanisme interne se dérègle. Ainsi la démocratie libérale s'installe-t-elle sous le signe d'une incertitude majeure sur son fonctionnement et sa définition. Ce sera la principale affaire du XXe siècle que de tenter d'y répondre.

Le troisième volume, *À l'épreuve des totalitarismes*, est consacré à ces recherches d'une solution. La Première Guerre mondiale porte le dilemme à l'incandescence : dépasser la démocratie libérale, pour résoudre les questions surgies avec elle, ou la transformer ? Dans son sillage, seule la rupture révolutionnaire paraît à la hauteur de la tâche. Ce sera l'âge de fer des religions séculières, promettant de reconstituer la compacité des anciennes communautés sacrales sur des bases profanes. Et puis, au sortir des ténèbres de la Seconde Guerre mondiale, les démocraties finiront par trouver en tâtonnant les voies de cet affermissement qui leur semblait interdit. Elles détenaient par-devers elles, sans le savoir, les moyens d'une cohésion n'ayant rien à envier à la vieille unité religieuse. C'est cette découverte silencieuse qui va assurer leur triomphe. Parallèlement, grâce au support de cette relève du religieux par le politique, elles parviennent à opérer l'intrication de leurs éléments constitutifs. L'autonomie se révèle gouvernable. Le régime mixte prend corps. Le problème qui avait semblé, durant le premier XXe siècle, sans autre issue qu'un renversement révolutionnaire de l'ordre existant devient maîtrisable. La tragédie se retourne en réussite. Il est indispensable de penser ensemble les deux faces du siècle.

Mais il ne saurait y avoir de solution définitive en ce domaine. Le succès même de la stabilisation des démocraties libérales va libérer les énergies d'un nouveau bond en avant. Les reliquats de la structuration religieuse s'effacent, déterminant l'ultime tournant théologico-politique du parcours moderne. L'autonomisation est relancée. Les vecteurs chargés de la concrétiser se redéfinissent en fonction de son approfondissement. Les équilibres antérieurement établis entre politique, droit et histoire sont rompus. Tout est à refaire. C'est cette inflexion de grande ampleur qui a réorienté la marche de nos sociétés depuis le milieu des années 1970 que scrute le quatrième et dernier volume, *Le Nouveau Monde*. Il interroge la seconde crise de croissance de la démocratie dans laquelle elle nous a plongés. Comment concevoir le régime mixte qui nous redonnerait du pouvoir sur notre liberté, puisque tel est le problème qui nous est une nouvelle fois posé ? La démocratie n'en a toujours pas fini d'advenir.

Ce cheminement, on l'a dit et il faut y insister, est abordé systématiquement sous l'angle de la conscience qu'en ont ses acteurs et des idées au travers desquelles ils essaient de dominer leur situation. L'avènement de la démocratie, tel qu'il est entendu ici, est inséparable de l'invention d'un discours à multiples entrées, par lequel les individus s'expliquent leur monde, justifient leurs choix politiques, cherchent à comprendre l'histoire dont ils sont partie prenante, ou bien encore formulent leurs attentes à l'égard de l'avenir. Une histoire de la démocratie se doit d'être, à ce titre, une histoire des idéologies, pour donner le nom qui leur convient à ces grilles de lecture du devenir et de la politique, plus ou moins systématisées et cohérentes, dont l'entrée dans l'univers de l'autonomie nous enjoint de nous pourvoir. Sans doute les hommes qui font l'histoire sont-ils loin de tout savoir de l'histoire qu'ils font ; sûrement, même, sont-ils voués à se méprendre à son sujet. Il n'empêche que l'intelligence qu'ils ont de leur situation comme, du reste, la méconnaissance qui leur dérobe la signification de leurs actes sont des dimensions essentielles de l'histoire qu'ils font. On s'emploie méthodiquement à reconstruire l'une et l'autre, tout au long du parcours, en dégageant les logiques auxquelles elles obéissent. Loin de minorer ou d'évacuer le discours et la pensée des acteurs, une analyse en profondeur, privilégiant les structures de l'établissement humain-social, est la voie royale pour leur faire droit. Elle est le moyen de leur reconnaître leur portée constituante, en les replaçant dans le cadre de l'organisation du croyable et du pensable collectifs.

Voici, donc, pour l'ordre des raisons selon lequel le projet et son exécution se laissent présenter. Autre chose, maintenant, est l'ordre des questions qui ont présidé à la genèse de l'entreprise. Elle est née des circonstances. Elle a surgi des perplexités suscitées par la marche des démocraties durant la dernière période. Car, après s'être félicité de leurs avancées, il a vite fallu en venir à s'interroger sur le tour préoccupant que prenait leur regain de fortune. Si « toute histoire est une histoire contemporaine », selon de mot de Croce, c'est spécialement le cas de celle-ci. Elle n'aurait simplement pas été possible sans la révision en règle de nos perspectives et de nos instruments d'analyse imposée par la survenue d'une phase de la modernité manifestement différente des précédentes depuis les années 1970. Ces développements supplémentaires ont obligé à reconsidérer l'ensemble du parcours, à en relire les étapes, à en redéfinir les facteurs. Ce n'est pas la propriété la moins remarquable de l'expérience historique que d'être de la sorte un dévoilement indéfini, relançant le questionnement du passé à la lumière de ce qui apparaît dans le présent. Naturellement, en pareille situation, on mobilise les outils conceptuels et les cadres d'interprétation dont on dispose. C'est ainsi que j'ai fait appel au modèle élaboré dans *Le Désenchantement du monde* pour appréhender cette nouvelle donne. Mais il a fallu procéder à des ajustements importants pour le rendre opératoire. Il a fallu préciser la périodisation, raffiner l'analyse de l'insistance du religieux, creuser l'anatomie des composantes de l'autonomie pour porter le modèle à la hauteur des exigences conjointes du déchiffrement du présent et de la relecture du passé.

En d'autres termes, ce qui arrive à la fin, dans le déroulement de l'exposé, vient en fait au début, du point de vue de la sollicitation intellectuelle. Aussi une introduction digne de ce nom se doit-elle de restituer cette impulsion initiale reçue de l'actualité historique en laquelle la réflexion s'enracine. C'est comme une anamnèse de l'état actuel de trouble de la démocratie que cette généalogie a été conçue. On partira donc de ce que la situation problématique de nos régimes nous a appris sur leur fonctionnement et leur nature, depuis ce tournant déstabilisateur dit, souvent, de la « post-modernité », dont il est indéniable, si contestable que soit l'expression, qu'il a ébranlé de fond en comble ce que nous pensions savoir en matière de modernité. Le tout de l'entreprise se joue, d'une certaine manière, sur l'élucidation de cette crise des plus déroutantes où les démocraties ont été précipitées par une victoire que personne n'attendait. Cette crise demande, en effet, pour être véritablement comprise, a-t-il fallu peu à peu mesurer, d'être replacée dans la perspective du parcours moderne en son entier ; elle oblige, en retour, à repenser de part en part les tenants et les aboutissants de ce parcours. C'est rendre au plus juste l'esprit et le pari de l'enquête que de commencer par ce travail d'interpellation réciproque.

Il y a une raison de plus d'assumer ce cercle de l'intelligence du présent et de la compréhension du passé : il compte par ce qu'il indique des limites de l'entreprise. Il y aura d'autres développements, qui ne nous surprendront pas moins, nous ou nos successeurs. Nous ne sommes pas au bout du chemin, et ce que nous en saisissons est inexorablement provisoire et précaire. D'un bout à l'autre de ce parcours, nous n'allons cesser d'être confrontés à la conviction inverse, chez ses protagonistes, à l'enivrante sensation du toucher au port, à la certitude de détenir le dernier mot, en bref, à l'illusion de l'aboutissement, l'illusion par excellence attachée à la condition historique, laquelle ne nous voue à la finitude radicale de l'absence de fin que pour nous faire croire en permanence le contraire. Ce ne serait pas la peine de démonter les effets de ce mirage chez nos devanciers pour y succomber à notre tour. C'est le piège par excellence contre lequel nous avons à nous prémunir. La tâche commence par une juste appréciation de la dépendance de notre perspective à l'égard d'une configuration historique particulière, dont c'est de surcroît une question vive.

LE SACRE ET LA DÉRÉLICTION

Nombreux sont les observateurs qui ont relevé ce qu'a de paradoxal la situation créée par le récent triomphe de la démocratie. Jamais elle n'a été aussi solidement installée ; jamais, simultanément, elle n'a paru aussi menacée par le vide et l'impotence. Son empire s'étend sans plus rencontrer d'opposition, ses règles et ses procédures prévalent avec une rigueur sans cesse accrue, son esprit entre dans les rapports sociaux et modèle l'identité des êtres avec toujours plus d'ampleur et de profondeur. Et, pourtant, un mal mystérieux ronge ce progrès euphorique. Quelque chose comme une anémie galopante dessèche ces formes qui s'élèvent à l'irréprochable. L'indéniable avancée dans la réalité se solde par une non moins incontestable perte d'effectivité. La puissance réelle déserte la machinerie à mesure que ses rouages se perfectionnent.

J'ai proposé l'expression de « démocratie contre elle-même » pour rendre compte de cet obscur écartèlement. La formule cherche à pointer l'originalité de la situation par rapport au cas de figure classique des contradictions de la liberté : la fatale liberté laissée aux ennemis de la liberté de la détruire, Hitler arrivant au pouvoir par la voie légale, en 1933, pour abolir aussitôt la légalité. Nous sommes aux antipodes, ici, d'une telle opposition frontale et déclarée. L'antagonisme dont il s'agit est tout interne et il s'ignore ; il procède des valeurs les plus certaines de la démocratie et il opère en secret. C'est le zèle des amis de la liberté qui se révèle autodestructeur, sans qu'un instant l'existence de la liberté soit remise en question. L'affaiblissement marche avec l'approfondissement.

La démocratie n'a plus d'ennemis et c'est à partir de cette disparition qu'il faut approcher ce trouble étrange qui la consume du dedans. Depuis deux siècles qu'elle chemine, elle n'avait cessé d'être en butte à des adversaires farouches sur ses deux flancs, arc-boutés, les uns, sur l'autorité de la tradition et de la nation, et juchés, les autres, sur les promesses de la révolution. Une adversité qui, loin de reculer au fur et à mesure de son enracinement, y avait continûment trouvé de quoi se renouveler et s'amplifier. Ses efforts auront culminé au XXe siècle, au point d'avoir pu paraître un moment bien près de l'emporter. Qui, en 1939, en Europe, eût parié sur les chances des pitoyables régimes parlementaires et bourgeois ? Ces formidables armées de la servitude ne sont plus qu'un souvenir. Nous avons vu s'évanouir, en peu d'années, tant les ombres subsistantes des prophètes du passé que la magie, elle bien vivante, des sorciers de l'avenir. Leurs causes ont brutalement cessé d'être soutenables. Il n'y a plus eu personne, tout d'un coup, pour rêver du retour de l'ordre organique et hiérarchique, ou pour croire au miraculeux avènement de la liberté substantielle, grâce au sacrifice des égoïstes indépendances individuelles. Entre 1974, quand la « révolution des œillets » abat à Lisbonne l'un des derniers vestiges de la réaction triomphante de l'entre-deux-guerres, et 1989, quand s'ouvre à Berlin une brèche décisive dans la citadelle communiste, la liberté sans restriction ni dépassement s'impose comme l'unique politique concevable. La démocratie devient l'horizon indépassable de notre temps.

C'est du sein de cette conversion générale qu'a surgi une adversité que l'on n'attendait pas, une adversité intime, sans porteurs déclarés ni visage identifiable, logée dans le fonctionnement même de ce régime dorénavant incontesté. La démocratie a changé autant qu'elle a gagné. Elle l'a emporté, jusque dans l'esprit de ses contradicteurs les plus rebelles, moyennant une métamorphose de sa compréhension d'elle-même qui l'a ramenée à son principe originel. Elle a retrouvé le sens de son fondement en droit, l'égale liberté de ses membres, et elle s'est remise à son école. C'est en renouant de la sorte avec les droits de l'homme qu'elle s'est vouée à la contradiction insaisissable qui la travaille du dedans. En même temps que cette réconciliation unanimiste lui a permis d'absorber ses anciens adversaires dans l'évidence communielle d'une norme avouée de tous, elle l'a disjointe d'elle-même, elle l'a installée dans le partage entre ses bases et ses buts, entre son idée et sa réalité, entre ce qu'elle veut être et ce qui lui vaut d'exister.

Le foyer du trouble est dans le ressort de la victoire, c'est ce qui rend la situation si confuse. Ce n'est nulle part ailleurs que dans le retour aux sources qui a propulsé la démocratie au pinacle qu'il faut chercher les racines du malaise qui l'étreint. Ce qu'elle y gagne en assurance de ses bases, elle le paie en incertitude sur son pouvoir. La logique de ses fondements tend à priver son exercice de substance. La consécration des droits de chacun débouche sur la dépossession de tous. Un pas plus loin, elle en arrive, sur sa lancée, à se retourner contre les communautés historiques où il lui revient de s'incarner. L'universalité des droits ne s'accommode pas de la particularité des cadres politiques dans lesquels elle trouve à s'appliquer. Par où elle est conduite à saper ses propres conditions de concrétisation. Quelle démesure égare cette démocratie poussée à se couper d'abord les bras avant de s'amputer les jambes afin de mieux s'accomplir ? Ne l'aurait-elle emporté que pour se consumer sur place en immolant son enveloppe charnelle à son âme idéale ?

L'inquiétude est diffuse, parce que la contradiction est cachée et qu'elle habite chaque acteur. Elle est obsédante, pourtant, parce que chacun sent, de la même manière obscure, que le cap franchi est irréversible. Il n'y a plus d'échappatoire. Nous n'avons plus d'autre avenir imaginable que celui qui nous est assigné par cette réappropriation des fondements de la démocratie. Il n'est pas absurde de déclarer l'histoire finie, en ce sens : on ne voit pas, en effet, quels autres principes nous pourrions avantageusement substituer, demain, à ceux qui définissent pour nous, désormais, toute politique acceptable et, plus largement encore, toute organisation collective souhaitable. Le XXe siècle a été dominé, durant la plus grande partie de son cours, par l'image de la différence du futur. Tous vivaient dans l'attente d'un dépassement plus ou moins inéluctable de l'individualisme bourgeois par un holisme ou un collectivisme d'un genre quelconque, traditionnel et autoritaire pour les uns, socialiste et égalitaire pour les autres. Il y en avait beaucoup pour l'espérer, un nombre plus grand encore pour le redouter, mais tous se retrouvaient pour penser et pour agir au quotidien sous cet horizon d'un avenir appelé à être substantiellement autre. La perspective s'est renversée. Il n'y a plus que du même devant nous. Le sacre de l'individualité que nous venons de connaître nous interdit de concevoir d'autres principes de l'existence personnelle et collective que ceux que nous pratiquons. Cela n'empêche aucunement d'envisager d'éventuelles régressions qui éloigneraient la réalité des sociétés de leurs fondements en droit, à l'opposé de la convergence dont nous avons la chance de bénéficier. Mais cela nous ferme la possibilité d'imaginer le surgissement d'une norme différente pour les régir. À nous supposer retombés sous l'oppression, nous n'aurions que cet idéal pour guider notre libération. Si loin que nous nous efforcions de porter le regard, nous nous découvrons bel et bien prisonniers en pensée de ce qui s'impose à nous sous la figure d'une *fin*.

À ceci près, donc, qui n'est pas mince, que cette histoire achevée se révèle grande ouverte sur une incertitude majeure. Non seulement ces principes que nous ne pouvons comprendre autrement que comme définitifs ne livrent avec eux aucune garantie quant à leur traduction pratique, mais ils se montrent susceptibles, dans le moment où ils s'emparent du réel, d'œuvrer à leur propre désincarnation. Nous n'avons touché quelque chose comme un terme de l'histoire, n'en déplaise aux mânes de Hegel, que pour y trouver, non la maîtrise et la paix d'une pleine possession de nous-mêmes, mais l'inconnu d'une soustraction à nous-mêmes, d'autant plus angoissante qu'elle sourd de ce que nous sommes obligés de vouloir. Sommes-nous vraiment condamnés, sans espoir de retour, à l'agitation immobile et à l'agonie perpétuelle des morts-vivants de la post-histoire ? N'avons-nous plus devant nous, pour toute perspective, que la déréliction festive des derniers hommes, célébrant leur impuissance à se gouverner avec leur arrivée au port de la certitude ?

En bon hégélianisme, cette présence du négatif, même logée dans la coïncidence théorique de l'esprit avec lui-même, cette lutte intestine du rationnel et du réel, ce travail de la contradiction au sein du savoir absolu ne peuvent que faire douter de la stabilité de ce stade supposément ultime. Nous sommes invinciblement portés à penser qu'il recèle une réserve de mouvement. De là le scepticisme ou la répugnance que soulève l'idée de fin de l'histoire, en dépit des raisons déterminantes qui l'accréditent. Elle est aussi incroyable qu'elle est incontournable. Il faut qu'il y ait de l'histoire après la fin de l'histoire, puisque cette terminaison prétendue se présente sous forme d'aporie à surmonter ou de dilemme à résoudre.

On verra en effet que non seulement il y a encore de l'histoire, mais que cette fin est à tenir, en vérité, pour un commencement : le commencement d'une autre manière d'être de l'histoire, le commencement d'une autre façon, pour nous, de l'habiter et de la faire. Ce qui s'est achevé, c'est le passage d'un mode d'historicité à un autre, vers lequel nous étions en chemin depuis deux siècles. Ces principes définitifs ne définissent rien d'autre que les conditions de base d'un devenir qui se sait pour ce qu'il est et qu'il faut vouloir. Il ne mène vers aucun dénouement, il ne nous assure d'aucune entrée en possession de nous-mêmes. Il nous promet au contraire à un effort indéfini pour nous faire et pour nous retrouver, dans l'épreuve permanente de l'échappée à soi et de la reconquête de soi qu'implique l'action collective. C'est le fond de la question de la démocratie telle qu'elle se repose à nous de l'intérieur de son triomphe. Elle se confond avec l'apprentissage de ce nouvel élément au sein duquel nous allons devoir vivre.

D'UNE CRISE DE CROISSANCE À L'AUTRE

C'est cette fin qui n'en est pas une et la déchirure du présent qui s'élargit derrière elle que la mise en perspective proposée par ces volumes voudrait éclairer. Elle obéit au dessein de comprendre cette mise en crise de la démocratie par son avancée même ; elle est conçue pour permettre de scruter ce qu'il peut advenir de cette décomposition inscrite dans la consécration. Elle replace, pour ce faire, le moment paradoxal où nous sommes dans une trajectoire de longue durée du fait démocratique. Le recul qu'elle permet de prendre ne fournit pas seulement un moyen efficace de dissiper les obscurités du présent ; il représente en outre et surtout le seul instrument sur lequel nous puissions compter pour sonder les ténèbres de l'avenir avec quelque plausibilité.

Les études réunies dans *La Démocratie contre elle-même* accompagnaient la phase d'expansion victorieuse du fait démocratique dans les années 1980 et 1990. Elles s'employaient à en déchiffrer le mouvement sous différents aspects. Elles analysaient les dilemmes inédits qui en résultent au fur et à mesure qu'ils se déclarent. *La Religion dans la démocratie* avait par ailleurs effectué une première tentative pour situer cette métamorphose dans une perspective historique. À partir du révélateur constitué par le cas français, je m'étais attaché à mettre en évidence le lien des transformations de la chose publique amenées par cette vague de démocratisation avec le processus de sortie de la religion. C'est à l'étape marquante franchie par ce dernier au cours des trois dernières décennies du XXe siècle, m'étais-je efforcé de montrer, qu'il faut rattacher les changements spectaculaires dans la croyance et dans l'articulation entre le religieux et le politique dont nous avons été témoins. Les changements en profondeur intervenus dans les rapports entre l'État et la société civile en sont la suite, de même que les problèmes inédits soulevés par le fonctionnement de la démocratie des identités. On systématise ici les résultats de ces travaux d'approche, en élargissant l'angle de vue et en partant de beaucoup plus haut encore. C'est l'ensemble du devenir moderne qu'il faut prendre en considération pour avoir l'exacte mesure des contradictions où nous nous enfonçons et pour acquérir une notion un tant soit peu motivée de leurs issues possibles.

La thèse principale qui sera défendue dans ces pages est que cette adversité intime qui tenaille la démocratie et qui l'écarte d'elle-même est à comprendre comme une *crise de croissance*. Elle n'est provoquée par rien d'autre que par l'approfondissement de son essence et le développement de ses différentes dimensions. D'où les discordes sourdes qu'elle connaît ; d'où le problème central de composition qui la hante. C'est que la démocratie des modernes est un phénomène tout sauf simple. Elle est loin de se réduire à « l'égalité des conditions » dont Tocqueville nous a appris à déchiffrer la dynamique et que la situation actuelle nous pousse à privilégier dans ses pas. Elle est l'unité d'une multiplicité. La vérité est qu'elle constitue un *régime mixte*, dans un sens très différent de ce que les Anciens mettaient sous ce nom, mais non sans rapport. Si les composantes ont changé, la validité de la formule demeure. Ce n'est plus, et pour cause, du mélange de la monarchie, de l'aristocratie et de la démocratie qu'il s'agit, mais c'est toujours d'un mélange. La démocratie des Modernes associe trois dimensions qui traduisent et concrétisent, chacune dans leur ordre, la propriété dernière qui la caractérise, à savoir *l'autonomie*. Elle est faite, séparément et indissolublement, de politique, de droit et d'histoire. Elle articule ensemble une forme de communauté politique — l'État-nation, pour faire court —, un principe de légitimité qui est en même temps une règle de composition juridique — les droits de l'homme, en bref — et une organisation temporelle de l'action collective, soit ce devenir délibérément producteur que nous appelons histoire, en donnant au terme une acception inédite par rapport à celle qu'il revêtait avant le XIXe siècle. Ce sont là les trois vecteurs par lesquels prend corps l'existence d'une société où la volonté des hommes, individuellement attestée et manifestée, prend la relève de l'assujettissement aux dieux, matérialisé dans un ordre global qui précède et domine quelque volonté singulière que ce soit. Parce que c'est dans cet arrachement méthodique à l'étreinte sacrale que consiste proprement la démocratie des Modernes. Elle est fille de la sortie de la religion. Elle y a son processus générateur. C'est cette source qui la singularise dans son essence et dans ses expressions par rapport à ses précédents antiques. Elle est habitée par un projet métaphysique. Elle correspond à la redéfinition de l'établissement humain-social sous la totalité de ses aspects en fonction de l'exclusive obéissance à soi-même. C'est ce même renversement systématique de l'ancienne économie de la dépendance envers le divin qui est à l'origine du problème structurel de sa formule. Car l'articulation des trois vecteurs par lesquels il passe ne va aucunement de soi. Ils sont apparus successivement, par vagues, depuis le XVIe siècle ; ils tendent à fonctionner isolément ; chacun se veut porteur d'une définition complète et suffisante de la condition collective. Aussi le mariage qui a fini par s'imposer entre eux est-il par nature instable et difficultueux. Il alterne des phases d'harmonisation et des phases de tension. Tantôt la solidarité des éléments prévaut, tantôt leur indépendance relative prend le dessus.

Nous nous trouvons précisément dans un de ces moments où la discorde se ravive, pour cause d'affermissement inégal des trois dimensions. Il s'est produit une relance du processus générateur au cours du dernier tiers du XXe siècle. La sortie de la religion a franchi une étape supplémentaire de grande ampleur. Une étape qu'il y a de bonnes raisons de tenir pour ultime, à de certains égards, puisqu'elle a détruit les derniers vestiges de l'assujettissement sacral. Il en est résulté un déploiement inédit de chacun des axes effectuants de l'autonomisation. Nous sommes emportés par un triple approfondissement de la dimension historique, de la dimension politique et de la dimension juridique, qui a bouleversé l'équilibre qui s'était tant bien que mal établi entre leurs expressions antérieures.

C'est ce pas de plus hors de la dépendance religieuse qui a déterminé le ralliement universel à la liberté démocratique. Il a retiré au parti de l'hétéronomie les derniers appuis qu'il pouvait conserver dans la vie sociale, du côté des liens avec la tradition ou des obligations d'appartenance. En quoi, ce faisant, il n'a pas moins privé de bases la cause de l'accomplissement de l'histoire, sur l'autre bord. Elle s'étayait secrètement, en effet, sur un substrat religieux ; elle tirait sa plausibilité d'une figure de l'union de la collectivité avec elle-même issue de l'âge des dieux. Les ennemis étaient complices, en réalité ; aussi réaction et révolution se sont-elles évanouies de conserve. D'où la consécration sans reste de l'autonomie qui a renvoyé dans l'impensable toute alternative à la libre disposition des personnes et des communautés. D'où le triomphe sans partage du fondamentalisme démocratique. Il représente l'aboutissement d'un long parcours. Il y a derrière cinq siècles de lente construction d'un monde marchant au rebours de ce qui fut depuis toujours la règle constitutive des communautés humaines : la soumission à plus haut qu'elles. Nous voici cette fois pour de bon face à nous-mêmes, dégagés de quelque reliquat que ce soit de ce passé de dépossession. Sauf que l'apothéose du principe ne nous livre pas les instruments de sa mise en œuvre ; elle nous les dérobe, au contraire.

Ce pas terminal vers l'autonomie métaphysique s'est manifesté, donc, par l'évidence renouvelée de la liberté démocratique sous son double aspect d'indépendance privée et de participation publique, de protection de la sphère personnelle et d'ouverture de la sphère des choix collectifs. Il s'est traduit, plus profondément, par la ressaisie du principe où un monde autonome a sa justification en droit, le principe d'individualité. Un monde autonome est un monde qui ne peut se concevoir que comme constitué d'individus, en pratique et en théorie. De là le double mouvement, si spectaculaire, qui a occupé le premier plan au cours des dernières décennies : d'un côté, une gigantesque vague d'individualisation concrète, qui nous a fait retrouver le sens de la dynamique de l'égalité des conditions ; mais aussi, de l'autre côté, une redécouverte, non moins significative et encore plus lourde de conséquences, de la logique des droits de l'homme. Nous ne sommes pas seulement dans un moment tocquevillien ; nous sommes aussi dans un moment de résurgence du droit naturel où l'impératif fondationnel retrouve une primauté qu'il n'avait plus eue depuis le XVIIIe siècle. Les manifestations sociologiques du sentiment de similitude entre les êtres s'ajoutent aux résultats de la redéfinition juridique des liens entre les êtres selon leur égale liberté native.

Mais cette hégémonie reconquise par la dimension du droit, à la mesure du plein accès de notre monde à l'autonomie, si elle procure à la démocratie la certitude d'elle-même, ne lui donne pas les moyens d'une prise effective sur elle-même à la hauteur de ses promesses théoriques. À l'opposé, en même temps qu'elle lui permet de s'assurer de ses fondements et de se savoir dans toutes ses parties, elle la détourne d'un auto-gouvernement efficace. Elle l'enferme dans une sphère idéale où elle jouit béatement de la coïncidence avec son principe, tout en la déconnectant des autres dimensions où se joue la concrétisation de l'autonomie. Car, pendant que le droit se trouvait catapulté de la sorte sur le devant de la scène, la forme politique et l'action historique n'ont pas disparu, ni ne sont restées immobiles. Elles aussi ont été mises en mouvement et ont connu des développements de première grandeur. Avec cette différence remarquable, par rapport à l'élévation des droits individuels au pinacle, que leur approfondissement les a effacées de la conscience collective. Depuis un bon siècle, depuis les années 1870-1880, la dimension de l'histoire obsédait les esprits. Elle dictait sa loi au quotidien. Il fallait penser en fonction de l'avenir, qui polarisait les espérances et définissait les devoirs. Conduire le changement social faisait figure de suprême impératif. Étrangement, l'accélération de l'histoire ou plutôt la démultiplication de l'historicité se sont soldées par la disparition du souci du futur. Plus d'avenir suspendu au-dessus des têtes pour mobiliser ou obliger. Plus de nécessité de se déterminer en regard de lui. Plus de contrainte sensible du devenir : on peut faire comme s'il n'existait pas, alors qu'il nous entraîne comme jamais. Parallèlement, de même, le XXᵉ siècle aura été le siècle des États, pour le pire, la guerre, les totalitarismes, et pour le meilleur, l'organisation des sociétés, la construction de systèmes protecteurs tels que jamais une civilisation n'aura montré pareille sollicitude pour les plus humbles et les plus fragiles de ses membres. L'appartenance politique s'imposait comme la clé du destin commun. Elle ne fait plus figure que de carcan obsolète dont le rôle est épuisé et dont il s'agit de se délivrer dans les meilleurs délais. On n'en discerne plus que les pesanteurs archaïques ; la fonction qu'elle remplit est devenue invisible. Pourtant, sans cette matrice inclusive, rien du reste ne serait possible, ni la mobilité de l'économie ni la splendide autarcie des individus. L'impuissance qui ronge notre démocratie en majesté n'a pas d'autre origine. Elle règne en idée tout en étant sans prise sur l'histoire que ses acteurs fabriquent et en refusant d'assumer le cadre qui lui prête vie. Aussi subit-elle en permanence des contraintes de sa substructure qu'elle ne comprend pas, et se trouve-t-elle constamment débordée par un devenir dont elle ne veut pas connaître. Elle est en proie à un problème de composition. La dimension du droit, telle qu'elle domine, ne permet pas de se saisir de ces autres dimensions avec lesquelles elle coexiste nécessairement. C'est en cela que cette démocratie satisfaite ne se gouverne pas. Sa pacification dissimule une discorde intestine bien plus grave que les disputes d'hier sur son principe. Une authentique possession de soi suppose la maîtrise simultanée de ces trois dimensions, de la norme que l'on se donne, certes, mais aussi du cadre où l'on s'inscrit et du devenir que l'on sécrète ; et elles jouent ici les unes indépendamment des autres, si ce n'est les unes contre les autres. L'articulation synthétique entre le politique, le juridique et l'historique est à refaire. Elle est la condition d'une démocratie retrouvée qui serait vraiment la démocratie supérieure que nous croyons détenir, mais dont chaque jour montre un peu plus que nous l'avons manquée.

Cette situation d'une démocratie qui se dérobe et s'éloigne au moment où l'on pense la saisir n'est pas la première du genre. Elle a un grand précédent sur lequel nous avons la chance de pouvoir nous appuyer. Elle renvoie vers cette période charnière, déjà évoquée, de la fin du XIXe siècle et du début du XXe siècle, quand se forment les démocraties libérales telles que nous les connaissons. Là aussi, on assiste à une vaste et puissante poussée de la légitimité démocratique. C'est l'époque, même, où elle s'impose irréversiblement, sous les traits du suffrage universel dont la revendication constitue alors son fer de lance et son emblème tangible. Les oligarchies représentatives sont irrésistiblement amenées à s'ouvrir à la loi du nombre et à la voix des masses. En 1884, signe des temps, la liberté des Anglais, modèle de tout un siècle, s'affranchit de ses limites traditionnelles, déjà repoussées à deux reprises, il est vrai, en 1832 et 1867, pour rejoindre (ou presque) la norme de la souveraineté du peuple — du peuple des individus et non plus du peuple en corps. Le libéralisme démocratisé de la monarchie britannique converge avec la démocratie républicaine à l'américaine et à la française. Ensemble, ils vont former les trois creusets exemplaires où s'amorce la synthèse, faussement simple, de la liberté libérale et de la souveraineté démocratique. Les vieilles autocraties sont gagnées par le mouvement et contraintes d'accorder une place à la représentation des peuples, une place qui ne va cesser de s'élargir. En 1890, la levée des lois antisocialistes dans l'Empire allemand, qui va faire entendre toujours plus fortement la voix des masses ouvrières au Reichstag, en face du souverain de droit divin, coïncide avec les premières élections parlementaires au Japon. En 1906, l'empereur François-Joseph accorde le suffrage universel en Autriche. L'année précédente, l'Empire des tsars lui-même avait dû se résoudre à concéder une Douma à la pression de ses sujets et aux requêtes de l'esprit du temps. Devant l'ampleur de cette vague, tous les bons observateurs s'accordent, autour de 1900, pour reconnaître le caractère invincible des progrès du droit de citoyenneté. Il ne fait pas de doute pour eux que le XXe siècle sera celui de la démocratie. Mais là aussi, au milieu de cette gigantesque avancée dont il est manifeste que rien ne saura l'arrêter, la perplexité s'insinue, l'anxiété s'installe. La démocratie sera ; mais quelle sera-t-elle ? Car cette démocratie sans restriction ne paraît s'implanter que pour décevoir les attentes mises en elle. La frustration des masses n'a d'égale que l'étendue de leurs conquêtes. Le régime parlementaire supposé fournir son bras armé à la souveraineté des individus se révèle dramatiquement insuffisant à la tâche. Il est désordonné, instable, sans direction suivie. Il est, en un mot, l'incarnation de l'impuissance, et cela au moment où se lèvent dans la société les seigneurs géants d'une nouvelle féodalité financière et industrielle. Quand la souveraineté des députés n'est pas dérisoire, c'est pour tourner à son propre profit et se soustraire au contrôle des électeurs. Comment serait-il possible, au demeurant, de dégager et de faire prévaloir une volonté générale au sein d'une société où les intérêts particuliers s'entrechoquent dans tous les sens et où la lutte des classes devient le centre de la vie publique ? Ce n'est pas seulement que la démocratie est dépourvue d'un outil de gouvernement efficace, c'est qu'en accordant la liberté aux individus elle libère un chaos social impossible à gouverner.

Aussi les progrès de la démocratie vont-ils de pair, durant cette phase d'incubation des années 1880-1914, avec le développement d'une contestation radicale. Plus avance cette souveraineté sans souverain, plus s'affirment en rupture avec elle des projets de conquête de ce pouvoir qu'elle ne fait miroiter que pour en interdire l'exercice. Le parti de la réaction acquiert dans ce contexte une nouvelle jeunesse à l'enseigne de la nation. Il abandonne ses rêves de restauration sacrale pour se convertir au principe moderne : ce sont les hommes qui font leur histoire et qui veulent leur pouvoir. Mais la découverte de la nation lui permet de loger sa nostalgie de l'ordre hétéronome à l'intérieur de cette reddition inconsciente aux valeurs de l'autonomie. Il s'agit de restituer sa cohésion organique à cette société d'individus éparpillés, d'intérêts discordants, de classes en guerre, et cela ne peut se faire qu'en rétablissant la suprématie d'une autorité indiscutée et les liens d'une hiérarchie omniprésente. Les clés du pouvoir que la démocratie est vouée à chercher sans le trouver résident dans les règles immémoriales de l'union des communautés. À l'autre extrémité du spectre, le parti de la révolution gagne ses lettres de noblesse définitives dans la bataille sociale en organisant le peuple du travail. Son diagnostic emporte la conviction d'innombrables adeptes, bien au-delà du camp des prolétaires. L'impuissance des gouvernements et le désordre incontrôlable des sociétés admettent une seule et même cause, en dernier ressort, la propriété privée des moyens de production. Seule sa neutralisation, par conséquent, pourra donner de la substance au pouvoir collectif. Ce n'est que sur le socle de la propriété collective que pourra s'édifier un autogouvernement digne de ce nom, parce qu'il sera le gouvernement de la vie matérielle en même temps qu'un gouvernement capable d'accorder sa juste rétribution à chacun.

L'installation de la démocratie nourrit, ainsi, le dessein de son renversement ou de son dépassement. Et le travail de ces contradictions, le déploiement de ces oppositions totales ne contribuent pas peu, en retour, à alimenter le désarroi devant un monde immaîtrisable dont ces rejets sont sortis. Le refus justifie le refus, dans une spirale sans fin des tensions. De là les saisissants contrastes de la Belle Époque : jamais la foi du charbonnier dans le progrès qui triomphe n'aura régné avec une telle quiétude satisfaite ; jamais la radicalité subversive n'aura recruté de soldats si résolus. Le bonheur des uns contre l'horreur des autres. La certitude tranquille quant à la marche de l'histoire, chez la plupart, mais chez beaucoup, néanmoins, le vertige devant l'abîme qui s'y ouvre, et l'absolue volonté d'en briser le cours chez quelques-uns. Nul ne peut dire ce qu'il serait advenu de ces tensions sans le cataclysme qui se déclenche en août 1914, né lui-même d'un indéchiffrable mélange d'aveuglement optimiste sur la tournure d'un tel conflit et de fascination autodestructrice pour l'Apocalypse. Mais ce qui est sûr, c'est que la pluie de sang qui balaie l'Europe va sceller pour longtemps la condamnation de l'hébétude bourgeoise. Elle va ouvrir la porte toute grande à ces aspirations au pouvoir total qui se développaient dans les marges du cheminement laborieux du droit des peuples. L'initiative passe aux refus totalitaires. La suite du siècle sera dominée par la recherche d'une alternative à l'impuissance de la liberté.

Et pourtant, à l'arrivée, ce sont ces piètres régimes débordés par leurs tâches qui vont se révéler les mieux capables de répondre au besoin de maîtrise qu'ils avaient fait naître. Ils vont parvenir à se reformer, à se hisser, à tâtons et dans la douleur, à la hauteur de la mission exigée d'eux. Exténués par la Grande Guerre, ébranlés par la crise de 1929, au bord de l'abîme en 1939, ils vont réussir à trouver les voies d'une stabilisation en profondeur au lendemain de la victoire de 1945. Ils vont savoir faire de ces divisions qui paraissaient irrémédiablement interdire à la démocratie de se gouverner, en 1900, autant de moyens de gouvernement. À la faveur d'une conjoncture faste de trente années, ils vont obtenir de concilier le contrôle du processus politique avec la conduite de la prospérité et le partage protecteur de ses fruits. Ainsi va-t-il devenir petit à petit flagrant que c'est dans le cadre des régimes libéraux, et là seulement, qu'est susceptible de prendre corps cette capacité de se concevoir et de se vouloir que les pouvoirs totalitaires, en dépit de leur emprise sans limites, échouent lamentablement à produire. L'inhumanité de leurs moyens est deux fois intolérable, puisqu'elle est pour rien et qu'au lieu de mener à la disposition de la collectivité par elle-même, fût-ce au prix du sacrifice de ses membres particuliers, elle débouche sur un partage entre gouvernants et gouvernés pire que celui qu'il s'agissait de surmonter, et sur une ignorance dysfonctionnelle généralisée de la base par le sommet. L'oppression n'y est au service que de l'imposture. Il n'y a que la tyrannie de totale ; quant à la maîtrise du destin commun, elle est nulle. La leçon de la métamorphose des démocraties libérales, en regard, c'est que la puissance de se vouloir n'a d'effectivité qu'associée à sa liberté de se faire et limitée par elle. La leçon porte. Elle fait éclater l'énorme mensonge des despotismes en tout genre qui avaient fait rêver le siècle d'être le siècle du pouvoir de l'humanité sur elle-même. C'est le sens de la vague de démocratisation qui déferle à partir de 1974 et qui va dissiper, en quinze ans, les créatures de ce cauchemar éveillé.

POLITIQUE, DROIT, HISTOIRE : CONJONCTIONS ET DISJONCTIONS

Mais la vague ne s'est pas contentée de détruire les édifices chimériques du pouvoir total. Elle nous a emportés bien au-delà. Elle s'en est prise au principe du pouvoir en général et partout. Elle a universellement sapé les bases de l'autorité du collectif au nom de la liberté. Elle n'a pas seulement imposé la norme de la démocratie libérale dans les têtes, elle en a changé les orientations et les aspirations de l'intérieur. Elle a fait passer au premier plan l'exercice des droits individuels, jusqu'au point de confondre l'idée de démocratie avec lui et de faire oublier l'exigence de maîtrise collective qu'elle comporte. De telle sorte que nous nous retrouvons pour finir dans une situation analogue à celle dont nous étions partis voici un siècle. Nous redécouvrons les dilemmes de nos devanciers. Nous voyons le sentiment de dépossession progresser du même pas que les indépendances privées. Comme autour de 1900, nous sommes confrontés au divorce de la puissance et de la liberté.

Avec une différence cruciale, toutefois, c'est que la reconquête de ce pouvoir qui s'enfuit ne mobilise plus personne, sinon de façon ponctuelle et marginale. Il s'efface sans susciter de tentatives désespérées de réappropriation. On ne voit pas d'imprécateurs se lever pour prêcher la rupture avec le désordre établi. On ne voit se développer aucune recherche fiévreuse d'une alternative à la dispersion anomique du présent, que ce soit à l'enseigne de la cohérence autoritaire des sociétés du passé ou à l'enseigne de l'unification émancipatrice de la société de l'avenir. Il est clair, comparé aux angoisses de 1900, que la sécession des individus, la dissociation des activités, l'antagonisme des intérêts, le conflit des convictions ne sont plus perçus comme un problème. Aussi n'appellent-ils pas davantage de solutions sous forme d'une restauration ou d'une instauration capables de rendre à la communauté la maîtrise de son destin. Mieux, le discours critique, qui n'a aucunement disparu pour autant, qui s'est répandu et banalisé, au contraire, au point de devenir pour la collectivité une manière commune de traiter d'elle-même, pèse dans le sens de l'individualisation des êtres et de la singularisation des groupes. Bien loin de la ressaisie du tout qui constituait son horizon de jadis, il s'est fait le chantre de l'émancipation des parties. S'il en appelle à l'intervention du pouvoir, c'est en dénonçant l'abus principiel de son autorité. Il refuse ses moyens en réclamant ses effets, par une contradiction révélatrice de la situation où nous sommes. Nous souffrons d'un mal que nous ne sommes pas en mesure de nous représenter et qui ne nous inspire d'autre tentation, spontanément, que de nous y enfoncer. C'est ce qui donne l'indicible malaise qui flotte dans l'air du temps. La nature du problème qui se posait à eux ne faisait guère de doute, pour un grand nombre de nos ancêtres de 1900, de 1920 ou de 1930 ; ils tendaient à en amplifier le caractère dramatique ; ils étaient portés aux remèdes hyperboliques, à la radicalité et à l'activisme. Leurs descendants contemporains sont profondément insatisfaits, violemment frustrés, même, par la manière dont leur monde est conduit et par ses conducteurs ; et, en même temps, ils ont la plus grande peine à identifier ce qui leur fait défaut ; ils n'aperçoivent de salut que dans la fuite en avant. D'où le climat de dépression collective, de passivité protestataire et de fuite civique qui tend à s'installer. Les moyens de nous figurer la soustraction qui nous atteint nous manquent, parce que nous n'avons plus de figure consistante du collectif pour leur servir d'appui. Quelque chose comme une possession de soi ne nous est plus concevable qu'à partir et sous l'angle de l'individu. La perception de l'ensemble s'est évanouie et *a fortiori* la perspective d'une prise sur lui. Le trouble est sans nom puisque l'entité qu'il affecte est sans contours ni visage.

Si, par conséquent, le problème est structurellement comparable, à un siècle de distance, il est capital d'observer, simultanément, qu'il se présente sous un signe inverse. Nous ne sommes pas embarqués dans un éternel retour du même, autrement dit. Nous n'allons pas recommencer un cycle semblable. Nous ne sommes pas menacés, en particulier, par une résurgence des tératologies totalitaires. Nous leur tournons le dos. Ce ne sont plus les délires du pouvoir que nous avons à craindre, ce sont les ravages de l'impouvoir. Cette divergence des trajectoires associée à la parenté des ressorts est ce qui fait le prix et la portée de la comparaison. Elle n'invite pas à raisonner servilement par analogie ; elle appelle au contraire une mesure méthodique de la différence du présent à la lumière de ce qui le rattache au passé. Il ne s'agit pas de livrer la guerre d'avant, mais de se préparer à la nouvelle avec une conscience affermie de la spécificité de son théâtre et de ses enjeux. Dans ces limites, la comparaison fournit l'instrument d'un inappréciable recul par rapport à l'actualité et à la confusion myope de son déchiffrement au jour le jour. Elle indique l'échelle de temps à laquelle il convient de raisonner. Elle donne l'idée du genre de processus à l'œuvre. Elle met efficacement en garde contre les conclusions précipitées, la tentation constante et l'errance constitutive du sentiment du devenir. Dans le domaine de l'action historique, il n'y a que des néophytes perpétuels, auxquels les leçons apprises la veille ne servent pas à grand-chose face à l'inédit du lendemain. Il ne nous est pas interdit de nous aguerrir, toutefois, en devenant des néophytes dûment avertis de l'être.

L'opposition de signe entre le moment 1900 et le moment 2000 renvoie, naturellement, au chemin parcouru entre les deux dates. Elle s'explique, en particulier, par la distance franchie en matière de sortie de la religion. 1900 marque, sans doute, le moment décisif du basculement vers l'autonomie, vers l'affirmation de sa conscience et vers le déploiement en grand de ses vecteurs pratiques. Mais, en même temps que cette percée s'opère, la forme religieuse conserve des bases solides. Ce n'est pas seulement que la foi maintient son emprise sur de larges masses et que les Églises restent de puissantes autorités sociales, avec ce que cela implique d'exacerbation des conflits entre laïcs et cléricaux, sur tous les fronts. C'est que l'antique union sacrale continue d'empreindre le mécanisme collectif — elle imprègne les rapports de subordination, elle commande le sentiment d'appartenance, elle garde le lien de tradition avec le passé. C'est qu'elle demeure un cadre contraignant pour la pensée, y compris chez ceux qui veulent la république de la raison ou le socialisme sans Dieu. Elle constitue la référence omniprésente en regard de laquelle les divisions du présent ressortent dans leur relief anxiogène. Mieux, consciemment chez les uns, inconsciemment chez les autres, elle apporte le modèle d'une reconstruction possible qui ramènerait ou qui produirait la prise sur soi en train de disparaître. C'est directement à cette prégnance substantielle du religieux qu'il faut rapporter les espoirs d'une restauration ou d'une instauration d'une société pleinement unie avec elle-même qui fleurissent avec l'irruption de l'autonomie démocratique, en riposte aux multiples partages par lesquels elle se solde. C'est dans le substrat de cette religiosité primordiale que s'enracinent les fantasmagories totalitaires, sans en excepter les plus expressément antireligieuses.

C'est précisément ce substrat qui s'est évanoui. On est à mille lieues, en 2000, de cette insistance et du climat à la fois conflictuel et fidéiste qu'elle entretenait. Le travail de concrétisation de l'autonomie, tel que ses instruments se démultiplient autour de 1900, a porté ses fruits. Il a produit dans la durée une accumulation de la puissance collective d'autoconstitution et d'autodéfinition qui a rendu possible, à son tour, une nouvelle accélération du processus de sortie de la religion, celle qu'il nous a été donné d'observer durant le dernier tiers du XXe siècle. Or c'est l'émancipation de la forme religieuse qui a été la caractéristique centrale de cet ultime bond en avant de l'autonomisation. D'où le fait qu'il se soit très peu vu. Il s'est joué dans les profondeurs bien plus qu'en surface. Il ne s'est pas manifesté par de grandes batailles de croyances, comme son homologue d'un siècle auparavant. Il n'a donné lieu qu'à des victoires sans combat sur des armées qui se sont désagrégées d'elles-mêmes. Il s'est essentiellement traduit par la dissolution de ce schème de l'union sacrale qui continuait de hanter les esprits et d'informer les rapports sociaux. C'est en liquidant cet invisible vestige de la structuration hétéronome qu'il s'est montré d'une efficacité si prodigieuse. Il a ôté à la foi ancienne l'ancrage qui lui procurait une sorte de plausibilité collective jusqu'au milieu d'une société de libre discussion. C'est l'obsédante présence du fantôme immémorial de l'Un de toutes choses dans l'ensemble des liens entre les êtres qui entretenait l'attachement à une religion de l'ordre divin. En se dissipant, elle a entraîné la débandade des derniers carrés de la religiosité traditionnelle et la conversion des croyants à la théologie de la démocratie : Dieu ne donne ni leur loi ni leur pouvoir à ses créatures ; il leur en laisse la définition. La dispersion des Vieux-Croyants n'a eu d'égale que l'implosion du parti de la révolution. Il a vu s'évanouir sous lui ce qui soutenait son dessein d'une ressaisie de la totalité collective et d'une conjonction avec sa science d'elle-même. Mais l'effet le plus déterminant de cette disparition a été sur les rapports sociaux eux-mêmes. Détraditionalisation, désubordination, désincorporation, désinstitutionnalisation, désymbolisation : l'évidement, sur deux ou trois décennies, a été massif et spectaculaire. À peu près plus rien ne subsiste de ce qui soutenait un lien de filiation explicite et vivant avec le passé, de ce qui portait les expressions d'une autorité à laquelle ses subordonnés pouvaient s'identifier, ou de ce qui prêtait sens à des appartenances pour les individus en leur permettant de s'y reconnaître. S'est pratiquement volatilisé, en bref, tout ce qui maintenait l'expérience des acteurs sociaux dans l'orbite tangible d'une cohérence supérieure. Il ne reste plus pour les tenir ensemble que l'arbitrage du droit et la régulation automatique d'un ensemble ouvert. C'est pourquoi nous n'avons vraiment plus rien à craindre des idéologies du pouvoir total ; elles se sont évaporées dans l'inimaginable. Nous avons tout lieu de redouter, en revanche, les conséquences de cette dessaisie radicale qui tend à nous enlever quelque prise que ce soit sur une communauté politique qui tend pour sa part à devenir infigurable comme telle en sa totalité. Encore le danger lui-même n'est-il pas représentable, faute d'un terme de comparaison. Sa perception obscure ne parvient pas spontanément à l'expression.

Il n'empêche que si le contraste des ambiances est saisissant et si la façon de se présenter des phénomènes est éloignée à souhait, le problème est structurellement du même ordre, à un siècle de distance. En 1900 comme en 2000, on se trouve devant un brutal approfondissement simultané des trois composantes de l'autonomie qui empêche de les tenir ensemble, qui rend leur travail conjoint immaîtrisable et qui interdit, en pratique, l'autogouvernement promis, en principe, par l'autonomie.

En 1900, la question de l'articulation de l'orientation historique, de la forme politique et de la logique de l'individualisme juridique, sur la base de leur existence indépendante et de leur consistance irréductible, arrive pour la première fois à l'ordre du jour. C'est l'originalité du moment. Il s'agit de les associer et de les lier de manière que leur concert soit gouvernable, tout en faisant pleinement droit à chacune, alors que leur pente à chacune est de s'imposer comme une clé exhaustive et exclusive de l'ensemble. Cette synthèse d'un genre très particulier, puisqu'elle suppose la conservation des éléments qu'elle unit, est proprement ce qui va constituer l'âme de la démocratie libérale. C'est-à-dire du régime en lequel s'opère l'intrication de la démocratie comme *dynamique sociale* et de la démocratie comme *fonctionnement politique*. Nous sommes là exactement au point où il nous est demandé de nous porter au-delà de la problématique tocquevillienne : le génie de Tocqueville avait été de comprendre, dans les années 1830, que la démocratie, loin de se réduire à un régime selon les typologies anciennes, correspondait à un état social. En regard de l'inextricable mélange d'ancien et de nouveau offert par les monarchies limitées à l'anglaise ou à la française, il avait su identifier, grâce au laboratoire de la jeune République américaine, la force irrésistible de ce fait séminal capable d'engendrer un monde, « l'égalité des conditions ». Sans doute en avait-il lucidement discerné les conséquences politiques : une souveraineté du peuple destinée à s'étendre jusqu'à ses dernières conséquences. Sauf que cela ne suffit pas. Car le propos, en sa généralité, ne dit pas grand-chose des voies que va emprunter l'exercice de cette souveraineté, non plus que des motifs auxquels il va répondre. Or cette définition va être justement tout le problème du moment 1900, et elle va se révéler rigoureusement contrainte. Elle va ramener la question de la démocratie comme régime, écartée, à juste titre, au profit de sa marche comme société, au temps où elle avait encore à se frayer un chemin au milieu des ruines de l'univers aristocratique, mais impossible à contourner dès lors que l'égalité des conditions l'a irrévocablement emporté et qu'elle est en position de modeler complètement un ordre collectif à son image. Ce qui apparaît à ce moment-là, en fait, c'est que l'organisation politique qui va lui procurer sa traduction est loin de se réduire à un simple prolongement ou à une vague dérivation du principe égalitaire. Elle obéit à de puissantes et strictes nécessités d'une autre nature, qui renvoient d'abord à la consistance propre de la forme politique, mais qui résultent également de l'intégration d'autres facteurs et dimensions que la seule égalité des personnes. C'est dans le dévoilement de cette multiplicité interactive, avec son lot de surprises et ses contradictions en tous sens, que va consister l'épisode de formation de la démocratie libérale. Il commence avec l'émergence au grand jour de la diversité de composantes qu'il s'agit de nouer en faisceau. Il va falloir mesurer, pour commencer, que l'état social démocratique comporte d'autres axes et données lourdes que le travail du sentiment du semblable entre les êtres, si déterminant qu'il soit. Cette égalité elle-même, au demeurant, est enchâssée à l'intérieur d'un individualisme qui la déborde à la fois par ses incidences sociologiques et par ses expressions juridiques. Qui plus est, la société démocratique, au-delà de la dynamique inhérente aux relations entre ses membres, est en général une société qui se produit et se construit délibérément dans le temps. C'est sous cet aspect de société de l'histoire qu'elle rencontre un problème béant de gouvernement. Car se projeter dans le devenir, c'est aussi courir le risque de s'y perdre. Comment commander à ce qui est par nature l'œuvre d'une imprévisible liberté ? En réalité, on le verra, c'est là l'interrogation motrice, déclenchante, prioritaire, de 1900. C'est autour d'elle que gravitent les autres. Car il y en a d'autres. Donner à la société démocratique le système politique dont elle a besoin, dont en vérité sa capacité de mouvement est indissociable, c'est devoir ajuster à ses réquisitions un cadre rien moins que malléable. La puissance démocratique se coule dans les frontières de la nation. Or celle-ci comporte ses contraintes propres, nullement faciles à domestiquer. Elle a, en tant que puissance, son instrument dans l'État, dont la définition n'a cessé d'accompagner la clarification de ses principes. Elle ne peut s'en passer, mais elle a de la peine à se le soumettre. C'est l'ensemble de ces réquisitions qu'il s'agit de dominer — on conçoit que, pour beaucoup, il n'y ait que le mot de « révolution » pour paraître à la hauteur de l'entreprise. Toutes ces tâches n'en font qu'une, on le sent : encore reste-t-il à trouver les moyens de cette unité. Il y faudra plus d'un demi-siècle. C'est seulement dans les années 1950-1960 que l'ajustement entre la société et la politique démocratiques s'opérera de façon à peu près adéquate et que la formule complète de la démocratie libérale réussira à se dessiner et à s'affirmer. Au total, des premières manifestations de la « crise du libéralisme », à la fin des années 1870, jusqu'à la vague de démocratisation du début des années 1970, attestant de la consolidation accomplie, il aura fallu presque un siècle pour que s'effectue l'intime conjonction du gouvernement du devenir, de la maîtrise du politique et de la reconnaissance de l'individu.

Nous sommes sous le coup, en 2000, de la dislocation de cette synthèse si péniblement conquise. La vague de démocratisation a changé la démocratie en donnant de nouvelles proportions à chacune de ses branches et en redéfinissant entièrement ses priorités. Elle a, ce faisant, détruit l'équilibre qui s'était lentement construit entre la gestion de l'historicité, les ressources du politique et les exigences du droit. De nouveau, nous sommes partagés entre des injonctions contradictoires et poussés en tous sens par des tendances incompatibles. De nouveau, la formule globale de notre monde nous échappe, et d'une manière d'autant plus troublante que les clés de notre destin nous ont été solennellement remises et qu'officiellement nous jouissons de la maîtrise de nous-mêmes. La synthèse est à refaire. Il va falloir recoudre ces membres redevenus épars et discordants. Nous ne sommes plus au commencement. Nous vivons sur les acquis de la démocratie libérale qui, même désarticulée, demeure un système irréversiblement installé. Il ne s'agit pas de la reconstruire à la base, ni même de la « refonder », pour reprendre un verbe qui ne hante pas les esprits par hasard aujourd'hui. Il s'agit de lui procurer une forme supérieure en reconstruisant l'équilibre interne qu'appelle le développement de ses composantes. Le discernement de l'inédit des facteurs est plus important, en la circonstance, que le nécessaire retour au principe invoqué par la « refondation ». L'entreprise ne s'annonce pas moins difficile, pour autant, que ne le fut la construction initiale. Car l'acquis est un frein autant qu'un support, et les victoires du passé préparent mal aux batailles du futur.

LES DEUX CYCLES

L'idée de cette série de livres est d'éclairer ce nouveau cycle de déconstruction/reconstruction dans lequel nous sommes engagés à la lumière du cycle précédent. De ce premier siècle de la démocratie libérale il est possible de tirer à la fois une analyse plus précise de sa nature, une appréciation plus juste de la situation où elle se trouve, mais aussi une notion mieux motivée des évolutions dont elle est susceptible et des tâches qu'elle requiert. Tel est le pari de ces pages.

Je m'efforcerai, donc, dans un premier temps, de retracer le cycle de formation de notre régime mixte. J'essaierai de montrer comment la « crise du libéralisme » qui se déclare vers 1880 est, au plus profond, une crise politique de l'historicité, une crise de la gouvernabilité du devenir. Ce qui s'ouvre avec elle, c'est le problème de l'immaîtrisabilité de l'histoire dont nous sommes les auteurs. L'humanité s'y construit, mais au péril de s'y découvrir étrangère à elle-même. Comment se réapproprier cette œuvre de la liberté collective contre la dépossession qui la menace ? C'est par rapport à ce problème, et de l'intérieur de la quête d'une maîtrise du devenir, que s'est peu à peu trouvée — et au milieu de quelles tourmentes, traverses et tentations — la combinaison efficace de liberté libérale et de puissance démocratique qui nous est familière. Elle recouvre en réalité une intrication subtile entre l'orientation sociale vers le changement, les ressources de l'englobant politique et la logique de l'individu. C'est cette conjonction sans confusion qui achève de se consolider dans l'euphorie des Trente Glorieuses.

En fonction de ce premier parcours, je m'attacherai, dans un second temps, à suivre la dissociation de cette synthèse à partir de la « crise » sans nom des années 1970. On verra comment la réussite même de cette composition de forces a créé les conditions d'une relance du processus vers l'avant qui a complètement bouleversé le paysage, renversé les équilibres établis et amené la confusion où nous nous débattons. Nous avons changé de siècle, basculé dans une autre époque, nous sommes embarqués dans un nouveau cycle où le travail d'articulation est entièrement à reprendre. L'accélération du devenir a entraîné l'effacement de l'avenir, de telle sorte que l'historicité a disparu du champ de vision collectif dans le temps où sa portée se démultipliait. La maturation de l'englobant politique a conduit à son enfouissement dans l'implicite au moment où il se faisait le socle exclusif de l'unité collective. À la faveur de cette double éclipse et de sa propre montée en puissance, c'est le principe d'individualité qui est passé au premier plan. La logique du droit règne seule en se présentant comme la réponse à tout. On en a dit les effets ; on aura à les réexaminer plus en détail : un pouvoir sans contenu s'autocélébrant dans le vide. Nous ne savons pas ce que nous faisons, ni où nous allons, nous ignorons ce qui nous permet d'exister, mais nous sommes sûrs de ce qui nous fonde à nous gouverner et nous ne cessons de nous congratuler de cette découverte. Il est possible de parler d'une crise politique du droit pour définir cette situation et par symétrie avec la crise inaugurale, ou d'une crise de gouvernabilité de l'univers des individualités. Une crise très différente de la précédente, et redoutable dans la pureté de ses intentions, puisqu'il est de sa nature de se méconnaître. L'impuissance face à l'histoire se savait, avec les énormes dangers de l'aspiration à la puissance qu'elle provoquait ; l'impotence qui naît du droit s'ignore, et elle a beau ne cultiver que l'espérance innocente du bien, elle comporte l'immense danger d'endormir et d'aveugler. C'est pourtant de l'intérieur de cette primauté du droit qui tend à se fermer sur elle-même qu'il va s'agir de réintégrer l'objectif du gouvernement du devenir et les moyens du politique. C'est sous son égide que va devoir s'opérer la reconstruction d'une mixité équilibrée entre la démocratie et le libéralisme, au-delà de l'actuelle dilution de la démocratie dans le libéralisme.

Car telle est l'entreprise qui paraît s'ouvrir devant nous, à mesure que se confirme l'impasse des droits de l'homme et de la sacralisation du singulier — une impasse à bien des égards comparable à l'ornière parlementaire où s'enlisait la démocratie libérale balbutiante de 1900. La tâche ne s'annonce pas simple ; on serait même tenté de la juger impossible. Mais c'est en regard de ses suggestions du contexte immédiat que les leçons du cycle précédent se révèlent inappréciables. Elles mettent en garde contre la myopie du court terme ; elles invitent à raisonner dans la perspective d'un processus d'ampleur séculaire. Plus précieux encore, elles appellent l'attention sur les germes du futur cachés dans la confusion du présent, si frappants rétrospectivement lorsque l'on se reporte au moment 1900, où l'on voit les solutions s'esquisser en même temps que le problème se déploie. Qu'il se soit trouvé alors des esprits aigus pour entrevoir les chemins qu'allait effectivement prendre la maîtrise raisonnée de l'apparemment immaîtrisable, à distance des issues délirantes, nous ouvre un espoir et nous crée un devoir de tenter de démêler, semblablement, les voies du gouvernement de l'ingouvernable. L'expérience passée nous donne des motifs de supposer que le mouvement de dessaisie qui nous emporte comporte aussi des préfigurations ou des amorces d'une ressaisie du collectif en sa cohérence. À nous de savoir les détecter dans l'inconnu d'une configuration sans commune mesure avec la configuration antérieure. Ce travail de déchiffrement n'autorise aucune prédiction ; il ne permet en rien d'anticiper sur la façon dont ces virtualités seront susceptibles ou non de s'actualiser. Mais il n'est peut-être pas sans livrer quelques indications sur les choix qui nous attendent. Si nous sommes voués à ignorer comment l'histoire se fera, nous pouvons un peu savoir de quoi elle sera faite.

L'élucidation de ces contre-mouvements embryonnaires nous fournit un irremplaçable moyen, en d'autres termes, de nous orienter au présent. Car cet avenir vers lequel nous allons, c'est nous qui le ferons — c'est de nous, en tout cas, qu'il sortira. Nous ne pouvons pas ne pas le vouloir, même si nous savons qu'il est destiné à nous prendre en défaut. Autant ancrer cette volonté dans la mesure du possible et dans le discernement de ce qui est à portée de notre pouvoir. Encore une fois, c'est l'effectuation de l'histoire qui nous échappe, bien plus que son sens ou que les enjeux dont elle est chargée. Il se peut que les démocraties aient changé d'orientation sans retour et qu'aucune des potentialités de reconstruction qui se dessinent au sein de leur marasme ne soit appelée, finalement, à se réaliser. Il n'empêche que c'est autour de ce choix que va tourner leur cours à venir et que c'est ce combat qui en fera l'âme, quelle que doive être son issue. Qu'il nous soit au moins donné d'y participer en connaissance de cause.

La difficulté d'une telle démarche d'éclaircissement réside, on le conçoit, dans le caractère global qu'elle revêt nécessairement. Non seulement elle doit embrasser une large tranche d'histoire, mais elle suppose de suivre de front la marche de paramètres qui viennent de loin, de bien plus loin que le XXe siècle, et qui pèsent chacun très lourd. Il ne s'agit pas moins que de débrouiller les rapports entre politique, droit et histoire et leur évolution sur un grand siècle, ce qui veut dire pouvoir se reposer sur une notion suffisamment établie de leur trajectoire antérieure. C'est la condition pour commencer à comprendre quelque chose à l'histoire chaotique que nous venons de traverser et pour s'y retrouver face à la conjoncture énigmatique où elle nous a menés. Comme l'objectif premier ne peut être que de s'orienter, au milieu de ces ténèbres labyrinthiques, j'ai résolument privilégié la recherche d'une vue d'ensemble, quitte à ne pas reculer devant la schématisation à outrance. L'analyse avance sur la ligne de crête d'où le paysage est lisible en son entier. Elle renvoie à des approfondissements ultérieurs les investigations régionales nécessaires pour étayer les propositions générales avancées ici.

Une dernière précision à propos du théâtre où campe l'analyse. Il est naturellement pour l'essentiel celui du berceau des démocraties libérales, dans leur parlante diversité d'expériences, à savoir l'Europe de l'Ouest, l'Europe des déchirements tragiques du premier XXe siècle, l'Europe heureuse de l'unification du second XXe siècle. Mais, comme il y a été fait allusion, le parcours de la démocratie libérale ne peut bien se comprendre sans la considération de la branche sœur qui s'est développée de l'autre côté de l'Atlantique et qui, à compter des années 1880, précisément, entre en consonance, du sein de sa divergence native, avec les démocraties du Vieux Continent. Aussi s'efforcera-t-on de garder un œil en permanence sur l'exemple américain et d'exploiter les parallèles qu'il autorise. Rien de plus expressif que les convergences à distance. Le parallèle acquiert aujourd'hui un relief crucial avec la divergence qui semble devoir s'installer entre une nation américaine fière de sa puissance et sûre de son rôle et une Europe des nations qui tourne le dos à la puissance et s'interdit les moyens du rôle auquel elle aspire. L'universalisme dont elle rêve, en expiation des horreurs du passé, l'empêche de se poser comme nation, tout en dissolvant les nations dont elle est composée. C'est plus que jamais le moment de scruter le parallèle et de soupeser ces évolutions rivales. Le sort de la démocratie libérale au XXIe siècle est suspendu à ce qui se joue et se dispute dans cette opposition des semblables.

Chapitre premier

GOUVERNER L'HISTOIRE

Toute cette entreprise pourrait se présenter, au fond, comme un essai de débanalisation de l'idée de démocratie libérale, si peu engageante, au premier abord, en sa trivialité confuse. En réalité, dès que l'on entreprend d'en reconstituer véritablement la genèse et le parcours, dès que l'on s'efforce de pénétrer les raisons de son fonctionnement, elle nous emmène loin des platitudes constitutionnelles et politologiques par lesquelles nous croyons nous en rendre maîtres. Elle se révèle riche d'une reconsidération générale de l'architecture de notre monde et de sa dynamique.

Pour approcher la nature de la démocratie libérale, telle qu'elle commence à émerger entre 1880 et 1914, il faut écarter les notions juridiques et politiques sous lesquelles elle se présente, qui n'en livrent que la surface ; il faut aller regarder derrière. Elle est ultimement le régime qui se déploie en réponse à un problème en effet politique, mais non identifié comme tel par les acteurs : le problème politique de l'histoire. Encore ce terme de régime est-il inadéquat, dans l'étroitesse de son acception courante, puisqu'il y va de beaucoup plus que d'un système d'institutions : de l'entrelacement entre une forme de société et une organisation politique d'ensemble. C'est en fonction de cet entrelacs que s'établit la solidarité entre le versant libéral et le versant démocratique du régime.

Formuler ainsi la question, c'est évidemment en soulever d'autres. Pourquoi et en quoi l'histoire se met-elle à poser un problème politique, et pourquoi précisément à ce moment-là ? Et d'ailleurs, pour commencer, qu'est-ce, au juste, que cette histoire avec laquelle, que l'on sache, l'humanité vit depuis toujours ? Qu'est-ce qui a pu, de la sorte, changer le changement, au XIXe siècle, pour qu'il devienne à ce point problématique et enclenche un redéploiement complet de la politique ?

Deux siècles après y avoir été projetés, l'histoire reste ce que nous avons le plus de mal à concevoir et à manier. Elle est devenue notre élément, le milieu dans lequel nous évoluons, le sol sur lequel nous nous appuyons, l'air moral que nous respirons, l'axe de nos pensées et de nos conduites, et nous ne la saisissons pas. Tantôt elle nous échappe et tantôt elle nous trompe. Nous croyons la connaître, parce que nous avons des historiens qui nous disent ce qu'elle fut. Mais cette science du passé nous cache ce qu'elle est, qui nous mobilise au quotidien, à savoir une action collective tournée vers l'avenir. Il faudrait dire : ce qu'elle est devenue, qui distingue l'historicité telle que nous la pratiquons depuis le début du XIXe siècle de l'histoire telle que la subissaient nos devanciers. Mais c'est justement la discontinuité que nous voile la connaissance des historiens. Elle nous fait croire à l'identité des expériences du devenir à travers le temps, en dissimulant le renversement de direction qui est intervenu entre 1750 et 1850 et qui a été aussi un changement radical de statut. Tout au plus nous inquiétons-nous, de manière récurrente, d'une « accélération » dont nous sommes bien en peine de donner une mesure précise. Nous nous flattons volontiers aujourd'hui de nous être dépris des illusions de l'histoire qui ont si funestement égaré nos pères et nous relevons, non sans satisfaction d'ailleurs, l'effacement de l'avenir qui nous délivre de ces dangereuses chimères. Cette lucidité prétendue est le comble de la méconnaissance et du malentendu. Comme s'il y avait besoin de se figurer l'avenir pour y œuvrer. La vérité est qu'il nous requiert et nous mobilise comme jamais. Son infigurabilité est la rançon de son emprise totale ; elle est son mode normal d'existence à partir du moment où il a entièrement pris le pouvoir. Loin de nous être dégagés du devenir, nous y sommes plongés plus profondément que nous ne l'avons jamais été, nous y travaillons avec une énergie et des moyens inégalés, mais nous le savons moins que jamais.

C'est ce décalage et cette ignorance qui font la crise de l'action collective et de sa mise en forme politique où nous nous enfonçons. S'en extirper va supposer de s'éveiller à cette dimension omniprésente et insaisissable. Si la démocratie doit retrouver ses couleurs et reconquérir une effectivité à la hauteur de sa promesse, ce ne pourra être qu'en prenant enfin la mesure de cet élément au sein duquel elle évolue et avec lequel elle est aux prises. Deux siècles après que le basculement dans la production délibérée du devenir s'est opéré, le temps est venu de se donner la pleine conscience de ce qu'il implique et d'apprendre à vivre avec lui. Il s'agit d'apprécier à sa juste portée l'immense transformation qu'a représentée la futurition généralisée des activités et la révolution de l'être-ensemble qui en a résulté. Elles ne se sont pas jouées d'un seul coup. Elles se sont installées et propagées selon un mouvement d'approfondissement progressif, à travers le XIXe siècle. Ce sont leurs conséquences, justement, qui se déclarent de manière critique autour de 1880, en bouleversant les repères de la politique. Elles font apparaître que le devenir n'est pas seulement un « progrès », comme le voulait le libéralisme régnant, c'est-à-dire un accroissement laissant la collectivité qu'il traverse essentiellement identique à elle-même, mais une puissance d'autoconstitution exigeant simultanément et contradictoirement d'être émancipée et maîtrisée. C'est cette sollicitation vertigineuse qui va mettre en branle la gestation des démocraties libérales. Elles vont se chercher et se trouver à tâtons, dans l'élan de ce formidable élargissement de la puissance d'historicité. Et puis, récemment, cette puissance s'est encore amplifiée. Elle a pris des proportions telles qu'elle a débordé du cadre où les démocraties libérales première manière étaient parvenues tant bien que mal à la contenir et à s'en assurer. Mais, cette fois, nous ne réussirons à la ressaisir qu'en connaissance de cause. Ce qui nous est demandé, c'est d'affronter, en la prenant pour ce qu'elle est, cette force d'invention de nous-mêmes qui nous dérobe à nous-mêmes. Ce n'est qu'à cette condition que nous recouvrerons les moyens de la gouverner, conquis une première fois dans l'improvisation et à l'aveugle. L'enjeu de l'heure se résume dans cette réquisition : assumer notre condition historique, une condition que nous n'avons fait jusque-là que subir en l'agissant.

Chapitre II

LA GRAMMAIRE
DE L'AUTONOMIE

Le passage à l'histoire, c'est-à-dire la réorientation globale des activités en direction du futur, est, il est vrai, l'aspect le plus inattendu et le plus déroutant de l'autonomisation des communautés humaines. Le concret de la chose y prend tellement à revers sa formulation abstraite que, deux siècles après, nous ne nous y sommes pas encore faits. Se donner sa loi à soi-même : cela se conçoit sans peine, et avec une force d'évidence qui paraît épuiser le problème. Mais, en pratique, l'autonomie, c'est à la fois autre chose et beaucoup plus. C'est se faire soi-même dans le temps, une chose autrement prosaïque, donc, qui est cependant chargée d'un enjeu infiniment supérieur, puisque ce faire concret est le moyen de se comprendre soi-même. Une constitution effective de soi qui se révèle porteuse d'une conquête réflexive de soi : c'est avec cette perspective que l'on entre pleinement dans le monde de l'histoire, quelque part aux alentours de 1800, par rapport au monde du progrès qu'avaient promu les Lumières. L'autonomie, donc, cela consiste à confier le secret de son être au temps, au temps ouvert de l'avenir où l'on se projette pour se produire, afin de se retrouver et de savoir au travers de cette *praxis*.

On mesure, en regard d'un tel déplacement par rapport à ce que l'idéal philosophique laissait prévoir, la nécessité de raisonner en termes de processus d'autonomisation. Il y a l'autonomie comme principe théorique, et il y a la réalité effectuante du mouvement d'autonomisation, qui ne se conçoit que comme le renversement point pour point de la structuration hétéronome. Rien dans l'abstrait du principe n'indique que l'hétéronomie pratique consistait dans la domination du passé et dans l'organisation des communautés humaines selon l'assujettissement au passé. Rien, semblablement, dans la notion d'autonomie ne suggère que sa matérialisation va passer par la dévolution de son accomplissement au devenir. Et, pourtant, tout est là du point de vue de ce que va réellement être le monde où les hommes se donnent leur propre loi.

Il est indispensable, autrement dit, de replacer le passage à l'histoire à l'intérieur du processus de sortie de la religion pour en cerner les tenants et les aboutissants dans toute leur extension. Il en représente le couronnement. C'est avec le basculement vers le futur que le monde humain-social achève de s'émanciper organisationnellement de la dépendance religieuse. Ce changement d'axe temporel constitue la troisième étape du mouvement. Il complète le changement de forme politique qui inaugure le processus, sous l'aspect du surgissement de l'État souverain de droit divin, et le changement de principe de légitimité qui se déploie dans la foulée, afin de procurer ses fondements en droit au nouveau corps politique de la sorte circonscrit — ils tiennent en un axiome : il n'y a primitivement de droit que des individus. L'entrée dans le devenir producteur boucle le dispositif. Elle apporte sa composante finale à l'instable architecture à trois branches qui va être celle de la société autonome.

Mérite le nom de *révolution moderne* l'enchaînement de ces trois vagues révolutionnaires (dans les pleins et les creux desquels figurent les révolutions qui nous sont familières : révolution anglaise, Révolution française, révolution industrielle). Elles ont leur point de départ dans une révolution plus initiale encore, la révolution religieuse du début du XVIe siècle, révolution à l'intérieur de la foi chrétienne, révolution du rapport de la Terre au Ciel dont elles tirent les conséquences en les amplifiant dans l'aménagement de la cité terrestre. Ces vagues révolutionnaires se saisissent ordinairement soit par l'inépuisable foule des événements où elles se concrétisent extérieurement, soit par les auteurs qui s'efforcent d'en expliciter les termes : Machiavel, Bodin, les publicistes de la raison d'État pour la révolution du politique, Hobbes, Locke, Rousseau pour la révolution du droit, Hegel, Marx, les socialistes et les sociologues pour la révolution de l'histoire. Entre les deux, il existe en fait un niveau intermédiaire qui relie ces manifestations circonstancielles, en leur infinie complexité, et l'ordonnance du pensable. Ce niveau est celui de ce qu'on a appelé la structuration religieuse de l'établissement humain-social et de son renversement dans une structuration autonome. C'est ce niveau que je me propose spécifiquement de faire apparaître. C'est sur son terrain que va se situer l'essentiel de l'analyse. Ce qu'il s'agit de mettre en lumière, ce sont des données d'organisation et leur dynamique de longue durée. Repères chronologiques et expressions théoriques ne seront utilisés que pour en rendre le travail sensible. La forme collective qui se dessine timidement avec l'« État » qui acquiert son concept autour de 1600 est toujours en définition, quatre siècles après. Le schème de pensée faisant dépendre l'ordre légitime du contrat des libertés égales n'a toujours pas fini, il s'en faut, de déployer ses effets. L'orientation historique — entendons : l'activisme futuriste — continue de s'approfondir et d'aller vers sa cohérence complète, depuis deux siècles qu'elle a effectué sa percée. La difficulté, sur chacun des points, est de saisir à la fois le ressort de ces dynamiques et les conditions de leur traduction effective. Autant il est important de dégager le noyau logique qui commande ces différents développements, au-delà de leurs expressions d'un moment, autant il est capital de cerner ce qui les arrête ou les limite à chacune de leurs étapes. Sous cet angle, la révolution moderne est à lire comme une *transition moderne,* où les affirmations de l'autonomie n'ont cessé de composer, à tous les moments, avec l'insistance de la structuration hétéronome. La sortie de la religion s'est continûment mêlée aux formes religieuses qu'elle subvertissait. C'est la clé de son déchiffrement.

C'est la clé, dans l'autre sens, d'une situation où la transition moderne semble parvenue à son terme, et où les composantes de la révolution moderne nous sont données à déchiffrer dans leur teneur pure, hors des compromis et des associations où nous avions coutume de les appréhender.

Pour la clarté de l'exposé, essayons, donc, de fixer les traits principaux de cette structuration religieuse dont nous allons constamment retrouver l'ombre et les traces jusque tout près de nous. L'âme de cette organisation de l'établissement humain-social selon la dépendance envers plus haut que lui tient en un seul mot : *unité*, dans la plus grande force qu'il soit possible de prêter au terme. L'assujettissement à l'Autre est le moyen de produire l'Un : telle est la formule en laquelle se résume le principe général du dispositif. L'unité qui s'instaure, de la sorte, au travers de l'obéissance à l'invisible n'est pas seulement celle des présents-vivants entre eux. Elle est aussi l'unité dans le temps des présents avec les êtres passés et à venir ; elle est surtout l'indissoluble unité du monde visible avec ce qui en commande l'ordre depuis l'invisible ; elle est, par là même, unité de la communauté humaine avec toutes choses. Depuis l'apparition, autour de 3000 avant l'ère chrétienne, de ce que nous appelons des « États », par un anachronisme dont il importe particulièrement ici de se souvenir, entendons des appareils de domination institutionnalisés, le pivot de cette union du visible et de l'invisible est le pouvoir séparé. Il s'est joué autour de ce surgissement, le tournant capital du parcours humain, un remodelage en règle de l'être-ensemble par rapport à l'univers des sociétés d'avant l'État. L'administration de l'assujettissement à l'Autre s'y est redistribuée selon de nouvelles voies, en fonction de l'émergence d'un pouvoir matérialisant l'altérité et l'autorité du fondement invisible parmi les vivants-visibles. C'est cette organisation « tardive » que nous considérerons et elle seule, à dater, donc, de l'émergence du politique comme relais du religieux. C'est elle que l'on trouve en place vers 1500. La production de l'Un y passe par cinq axes principaux.

1. Elle se traduit dans un idéal du pouvoir : le pouvoir universel, comme le seul à même d'opérer pleinement la conjonction de la Terre et du Ciel, en englobant la totalité du genre humain sous son autorité et en manifestant son unité dans l'union avec le divin. Depuis que les États existent, l'extension impériale est leur tropisme invincible. C'est que le rassemblement du visible sous un seul est l'horizon obligé et dernier de la légitimité pour un pouvoir qui vit de la réfraction de l'invisible dans le visible.

2. Elle implique, corrélativement, une définition de la nature du pouvoir comme pouvoir médiateur. Au sommet, donc, idéalement, le pouvoir suprême qui conjoindrait en son corps les secrets de l'au-delà avec la puissance ici-bas. Mais, en pratique, c'est l'ensemble des pouvoirs effectifs qui vont se définir par cette participation incar-

née à l'au-delà, sans que celle-ci prétende forcément à l'unicité et à l'exclusivité. Ce qui fait le pouvoir, c'est sa position à la jointure des deux règnes, la communication personnifiée du visible et de l'invisible — en un mot, la *sacralité*, dans l'acception stricte du terme.

3. Il en résulte une économie hiérarchique des rapports entre les êtres. Fait véritablement lien ce qui rattache à plus haut et qui relie, en dernier ressort, à la supériorité sans appel, matérialisée dans le souverain médiateur. La hiérarchie, pour prendre le problème dans l'autre sens, c'est l'altérité sacrale qui se répercute à tous les niveaux de la communauté, depuis le sommet où elle trône, qui se réfracte dans une échelle graduée des supériorités diffusant l'inégalité d'essence dans la trame entière de la vie sociale, jusque dans la plus humble cellule familiale. Ce qui tient les hommes ensemble, c'est la différence des natures et des rangs qui les sépare et que l'ordre hiérarchique ramène à l'unité.

4. Il s'ensuit une manière d'être des groupements sociaux que l'on pourrait ramasser en parlant d'un principe d'incorporation. Chaque groupement possède son principe interne de cohésion. Il tient par lui-même et détient une puissance d'intégration qui s'impose à ses membres. *Il fait corps*, en ce sens. La règle vaut pour l'ensemble des unités naturelles qui se constituent, soit sur la base des liens du sang, la famille, soit sur la base des liens de résidence, le village

ou la ville, soit sur la base des liens de métier, la corporation, soit sur la base des liens de dépendance, la seigneurie, le royaume. Chacune de ces unités représente dans son ordre une unité politique. Elle est à sa façon une collectivité de plein exercice. De là une socialité en archipel, très déroutante au regard de l'idée de « société » que nous avons développée. Ici, chaque île du social se présente à la fois fermée sur elle-même et ouverte sur l'extérieur, où elle s'emboîte hiérarchiquement avec d'autres communautés et corps de rang supérieur.

5. L'unité diversement monnayée, ainsi, depuis la mystique du pouvoir jusqu'à la physique des communautés, a l'une de ses expressions majeures, enfin, dans le registre temporel. Elle y prend l'aspect du principe de tradition, en redonnant au mot, là encore, sa vigueur native. Il ne renvoie pas à une vague continuité contraignante des coutumes et des croyances. Il désigne un assujettissement identificatoire à l'antérieur qui est la contrepartie intime de la subordination à l'extérieur. Ce qui nous domine et nous commande n'est pas seulement du dessus, mais aussi d'avant. La loi qui s'impose à nous depuis l'au-delà ne vaut pour telle que dans la mesure où elle se présente simultanément et inséparablement comme depuis toujours déjà en place, comme à l'œuvre dès l'origine des choses ou la mise en ordre primordiale du monde. L'autorité du passé fondateur est l'un des maîtres rouages de la structuration religieuse. Elle aussi contribue puissamment à unir les pré-

sents-vivants. Elle les soude dans la piété envers la précédence radicale de la règle commune. Elle fait plus. Elle leur ouvre l'accès à l'identité de l'expérience humaine au-delà du temps. Ce que nous sommes, nos ancêtres l'ont été et nos descendants le seront. Être fidèle à la tradition, c'est entrer dans la communion mystique des êtres qui se perpétue indépendamment du cycle de la naissance et de la mort.

Il suffit d'énumérer ces traits pour entrevoir la considérable diversité de sociétés concrètes que leur combinaison est susceptible de produire. Empires, royaumes, cités, voire clans et tribus, dans les interstices de l'étatisation, n'en relèvent pas moins, en leur bigarrure, d'une même économie générale. On aura à un bout la dynamique de l'impérialisation, régulièrement récurrente, horizon de toutes les nostalgies. On aura à l'autre bout la concentration sur la Cité, avec ses potentialités surprenantes, dont l'exception grecque aura fourni le cas de figure limite — la résorption du religieux, du pouvoir, de la hiérarchie, de la socialité, à l'intérieur du lien civique, avec la possibilité dès lors de son partage à égalité entre les membres de la Cité. On aura, entre les deux, la gamme des royaumes grands et petits, rayonnant autour de leurs pouvoirs diversement sacrés, et puis, à la base, la variété des segmentations locales, communautés paysannes, familles élargies ou dominations privées, tantôt englobées dans des unités plus vastes et tantôt laissées libres par la vacance des pouvoirs. Le tableau a beau être indéfiniment mouvant et offrir un bariolage inépuisable, il obéit à une régularité implacable. Les contrastes et disparates qu'il présente s'inscrivent dans l'orbite d'une organisation rigoureusement définie.

En 1500, le paysage européen n'y fait pas exception. La *Respublica christiana* s'intègre dans cette économie générale, en tout cas vue de l'extérieur. Elle possède ses autorités universelles, l'Église et l'Empire. Elle offre une riche palette de monarchies sacrées. De la Baltique à l'Italie, le modèle de la Cité témoigne d'une vitalité intacte. La féodalité a puissamment codifié les liens hiérarchiques, jusqu'à en faire un temps l'armature de la société politique. Si son étoile a pâli au profit de la puissance des rois, l'ordre des royaumes demeure suspendu à la pyramide des rangs et des privilèges. Des campagnes à la ville, la société des corps et des communautés prospère. Les découvertes de l'humanisme viennent ajouter la vénération pour les antiquités profanes à la dévotion envers les antiquités chrétiennes.

En réalité, depuis le tournant de l'an mil et la mutation féodale, c'est une société profondément nouvelle qui s'élabore en Europe de l'Ouest, sous couvert de ces formes anciennes. La lutte des deux légitimités universelles n'a pas laissé leur principe intact. Elle a frayé la voie à l'élévation des royaumes, qui ont fonctionné comme les creusets d'une lente alchimie politique. Il s'y est peu à peu dessiné un visage inédit de la communauté politique et du pouvoir. L'ancrage dans un territoire a introduit un nouveau principe de définition de ce qui constitue un corps politique. La sacralité d'apparence du monarque a secrètement fait place à une médiation d'un genre plus profane. La réorganisation de la société féodale en société d'ordres a insensiblement, mais décisivement, altéré le principe hiérarchique, en y amenant l'égalité entre pairs et la soumission de la pyramide des ordres à un principe d'ordre supérieur. L'invention de la personne morale dans le cadre du droit des corporations a créé l'instrument capable de subvertir de l'intérieur la coagulation organique de la société. Mieux, elle a tacitement changé le sens du temps, en établissant un principe de permanence capable de se substituer au principe de tradition. Il n'est pas un des traits de la structuration religieuse, tels qu'on les a dégagés, qui n'ait été substantiellement modifié par le dedans au cours de cette longue incubation de cinq siècles. En même temps, vers 1500, ces transformations intimes restent invisibles. Du dehors, on a affaire à une société qui obéit dans ses grandes lignes au patron des sociétés de religion.

Ce sont justement ces virtualités inapparentes que va exploiter et développer la révolution moderne. Elle va renverser point pour point l'ensemble des rouages de la société de religion. Elle va imposer, sous le nom d'État, une nouvelle figure du pouvoir et du corps politique, au milieu des ruines de l'autorité universelle et de la sacralité médiatrice. La nation capte à son profit, mais en la retournant, la dynamique de l'empire. Au lieu et place de la différenciation hiérarchique s'installe l'homogénéité égalitaire comme règle de droit et comme norme de fait. La déliaison individualiste prend la relève de l'incorporation organique. Pour finir, point culminant de la métamorphose, l'inscription de l'établissement humain dans le temps s'inverse : l'appel de l'avenir supplante l'attraction des origines, la foi dans le devenir producteur remplace l'autorité du passé fondateur. Encore faut-il ajouter que tous ces traits vont étonnamment survivre au sein de leur renversement. Si la rupture devient ouverte, à compter du début du XVIe siècle, si elle va se montrer de plus en plus explicite au fur et à mesure de son avancée, le monde nouveau qu'elle engendre va demeurer intimement pénétré, très longtemps, de l'économie religieuse qu'il subvertit. La projection vers le futur s'étaye sur le lien de tradition avec le passé. La liaison organique fournit un support à l'affirmation individualiste. L'égalité contractuelle se coule dans le cadre de l'impératif hiérarchique. L'autonomisation du politique prend son levier dans l'héritage de l'imposition hétéronome. Durant le premier demi-millénaire du processus de sortie de la religion, durant ces cinq siècles de ce que nous continuons à appeler « Moyen Âge », par une dénomination obsolète, le travail de redéfinition de la forme collective se cache sous une apparence traditionnelle. Il est facile à méconnaître. Durant l'ère moderne proprement dite, en revanche, l'irruption au grand jour du nouveau dissimule la prégnance de l'ancien. Elle tend à faire oublier les alliances que les manifestations de l'autonomie passent en permanence avec les reliquats de la structuration hétéronome. C'est cette insistance qui confère aux cinq siècles de la révolution moderne leur allure de transition moderne. Ils ne sont déchiffrables qu'à la lumière des accommodations et des alliages qui s'y reconstituent à chaque étape. Aussi bien, dans l'autre sens, le monde qui s'étend devant nous n'est-il déchiffrable qu'à la lumière de la disparition de ces mélanges. Les appuis structurants que l'univers de l'autonomie trouvait dans la résistance de l'ordre hétéronome se sont évanouis. Qu'en résulte-t-il pour l'organisation et la marche de l'univers autonome ? Que s'ensuit-il relativement à la définition des lignes de force du domaine de l'homme, maintenant qu'il est irrévocablement seul avec ses propres rouages ? La question est de savoir ce que deviennent les éléments de la révolution moderne une fois la transition moderne achevée.

Chapitre III

LE SURGISSEMENT DE L'ÉTAT ET L'ÉLOIGNEMENT DU DIVIN

Au commencement, donc, est la révolution religieuse initiée par Luther : 1517, le coup d'envoi de l'affichage des quatre-vingt-quinze thèses sur les indulgences à Wittenberg ; 1520, la consommation des grands écrits réformateurs. Le sort en est jeté. Le rapport des hommes à Dieu a irrévocablement basculé. L'opération de Luther frappe le principe de médiation au cœur, sous les traits de l'Église, l'institution pivot qui le matérialisait dans le monde chrétien. Au travers de lui, c'est l'ordre entier de l'Un qu'elle atteint, de proche en proche. La remise en question de l'unité du Ciel et de la Terre qu'elle engage est le premier pas de l'ère moderne. Luther ne la conteste que sur le terrain religieux. Ce qu'il repousse, ce dont il dénonce l'imposture, ce sont les prétentions du magistère spirituel et sacramentel à faire pont entre Dieu et les hommes. Aucune intercession n'est capable de procurer le salut, qui ne dépend que de l'insondable liberté de Dieu, manifestée dans le don de sa grâce à la créature. Cette extériorité de Dieu fonde chaque fidèle à s'adresser à lui, puisqu'il n'est accessible que dans l'intériorité de la foi. Il n'empêche que le désemboîtement du visible et de l'invisible que Luther met en branle possède une portée autrement plus large que la redéfinition de la foi chrétienne. Il engage le statut des institutions médiatrices en général, y compris au premier chef la royauté sacrée, à la place depuis toujours équivoque dans le monde chrétien, en raison de la médiation dans le Christ et de son prolongement dans l'Église. Le travail sourdement effectué dans le creuset des royaumes, Angleterre, France, Espagne, depuis le XIIe siècle, va pouvoir être exploité au jour. Le mimétisme concurrentiel avec l'Église, qui portait et voilait à la fois l'affirmation de l'indépendance du politique, va révéler ses fruits. Machiavel, exact contemporain de Luther, est le premier à lever le voile, en osant nommer les raisons et les fins internes du politique. Nul salut là-dedans, mais les nécessités impérieuses de l'acquisition et de la conservation du pouvoir, nécessités qui ne regardent pas que le prince, puisque l'existence de la Cité y est suspendue. Un pas inaugural où l'on peut reconnaître le signal d'une révolution religieuse du politique qui va s'épanouir, loin des cités italiennes, dans le cadre des grandes monarchies territoriales, à la faveur des contrecoups de la déchirure du monde chrétien. Une révolution qui ne va pas tant concerner la manière de penser la politique que sa définition pratique, que les modalités de son institutionnalisation et sa mise en forme effective. Une révolution religieuse, puisque le moteur de cette transformation va être la séparation de Dieu découverte sur le terrain de la foi.

Le pouvoir va se redéfinir dans sa nature, ses attributions et son exercice en fonction de l'altérité du divin et de l'impossibilité de la médiation révélées par Luther (la redéfinition de la catholicité lors du concile de Trente, entre 1545 et 1563, enregistre elle aussi le fait à sa façon). Au lieu d'incarner l'attache à l'au-delà, il va se mettre à concrétiser l'absence de Dieu à la société des hommes. Il va en tirer les conséquences quant à la nature des liens qui tiennent les hommes ensemble et quant à sa propre place au regard de l'administration de ces liens. Circonstances aidant — les guerres civiles menées au nom de Dieu —, il va s'élever à la suprématie absolue. Celle-ci est la condition pour qu'il puisse exercer une autorité pacificatrice, pour qu'il soit en mesure d'embrasser la communauté entière et de s'imposer aux confessions affrontées. Mais cette suprématie est aussi la position qu'autorise la dissociation du Ciel et de la Terre. Il est métaphysiquement en droit d'y prétendre. Les circonstances ne font que précipiter son ascension vers le sommet. Le roi médiateur ne disposait que d'une supériorité relative, toute sacrale qu'elle était ; il ne représentait jamais qu'un rouage intermédiaire dans la hiérarchie de l'être. Le Prince d'un corps politique délié de la subordination sacrale se trouve propulsé, lui, à une hauteur où il n'a rien au-dessus de lui en ce bas monde. Il jouit d'une prééminence sans égale. Il figure l'absolu de la puissance, en ce sens, ce qui se peut imaginer de plus haut dans la sphère terrestre. Certes, ce cheminement se déroule sous couvert de religion. De ce point de vue, le travestissement médiéval se poursuit. Circonstances toujours, c'est au nom de Dieu qu'il impose la paix aux soldats de la foi. Il excipe de l'autorisation directe de Dieu que sa suprématie absolue le met en posture de réclamer, indépendamment et au-dessus des Églises. Inutile de dire que l'orthodoxie chrétienne de ce fondement théologique subordonnant les confessions au magistrat civil est rien moins qu'assurée, comme les protestations indignées de pasteurs de toutes obédiences l'attestent à profusion. Cette supériorité garantie directement de Dieu ne réfracte pas l'ordre divin ; en fait, elle constate au contraire son inexistence, et l'illimitation concomitante du droit du souverain, s'agissant de la conservation de la société humaine.

C'est ainsi que surgit à la fin du XVIe siècle l'État souverain de droit divin. On peut symboliquement en dater la cristallisation de 1598, avec la fin des guerres de Religion en France. La paix de Vervins et l'édit de Nantes ne se contentent pas de mettre un terme à des conflits d'une gravité incomparable, puisqu'ils engagent la suprême valeur, celle du salut. Ils imposent l'image de la puissance de concorde capable de remédier à pareilles divisions et de préserver la coexistence entre des parties aussi irrémédiablement affrontées. C'est cette puissance que va dès lors résumer le terme émergent d'« État ». C'est cette altitude arbitrale qui fait d'Henri IV un monarque absolu en un sens inédit. Il est intronisé roi d'État, avec toutes les ambiguïtés inhérentes à cet accouplement. En 1598, l'innovation se détache encore mal dans le paysage européen. En dépit des déchirements de la chrétienté, le magistère universel de Rome conserve un large rayonnement ; les activistes de la Contre-Réforme peuvent encore rêver de restaurer l'unité perdue et l'autorité du Saint-Siège ; malgré l'échec de Charles Quint, l'Empire fait toujours figure de pierre angulaire de l'ordre européen ; de Madrid à Prague, la maison de Habsbourg semble en mesure de lui rendre son lustre sous la bannière de la catholicité ; à l'échelon inférieur, cités et principautés d'envergures diverses continuent de représenter une alternative aux grands pouvoirs. Cinquante ans plus tard, lorsque la paix de Westphalie clôt la terrible guerre de Trente Ans, en 1648, la formule est devenue la règle en Europe. L'Empire n'est plus qu'un nom vide et un souvenir, en même temps, en Allemagne, qu'un héritage encombrant. L'Espagne et l'Autriche ne comptent plus que comme des puissances parmi d'autres. Non seulement les successeurs de saint Pierre ne sont plus des acteurs de premier plan de la politique européenne, mais la papauté a définitivement perdu la primauté spirituelle. Il n'est pas de prince, grand ou petit, catholique ou réformé, qui n'entende se soumettre les choses sacrées pour autant qu'elles regardent la chose publique. Il est acquis, semblablement, que sa mission exige de faire passer les intérêts de la politique avant les commandements de la foi. Dans le vide créé par l'effacement des autorités universelles, s'est installé l'implacable système des États, en quête de l'équilibre des forces. Il ne reste plus aux petites puissances qu'à singer les grandes, tant l'étatisation est devenue la norme.

État souverain de droit divin : les trois notions sont neuves (même quand l'expression est vieille, comme dans le cas du droit divin) et chacune compte. Elles forment système, en même temps, chacune accrochant un aspect de l'autonomisation du politique qu'elles se conjuguent pour exprimer. Le politique apparaît comme tel, au travers d'elles, en cessant d'être un relais du religieux, et il change de forme dans l'opération. Voilà, en résumé, la transformation déterminante qu'il s'agit de cerner dans ce triangle de notions. Elles ont en commun de rompre, ou d'engager la rupture, avec l'économie religieuse de l'Un. Elles la renversent, ou elles en amorcent le renversement sur quatre points : universalisme, médiation, hiérarchie, incorporation. Le problème est de saisir la logique de la forme qui se dessine sous leur couvert au lieu et place de l'ancienne organisation du rattachement à l'au-delà.

Commençons par le droit divin, la notion la plus ancienne, la plus équivoque, on l'a souligné, la plus transitoire aussi. État et souveraineté continuent de nous parler ; droit divin ne veut plus rien dire. La notion a sombré après avoir servi. Il reste qu'elle a été un opérateur décisif, s'agissant d'une révolution qui ne pouvait être que religieuse. Elle a habillé l'inversion de signe entre religion et politique au lieu du pouvoir. Il était au-dessous de la religion, à son service, il passe au-dessus, ce qu'il ne pouvait légitimement faire qu'avec une caution religieuse. C'est l'autre intérêt de la notion que d'appeler l'attention sur les limites dans lesquelles s'arrête cette prime surrection de l'État. Si changement de forme il y a, il n'est qu'esquissé.

« Tout pouvoir vient de Dieu » : pas de notion plus traditionnelle, plus banalement et constamment invoquée. Mais elle acquiert une signification et une portée sans précédent, dans le contexte, en se chargeant de la revendication d'un lien immédiat et exclusif avec le Ciel, un Ciel dissocié de la Terre, qui n'a d'autre communication avec lui que par le truchement du souverain terrestre. *Comment* le pouvoir vient-il de Dieu ? C'est sur ce terrain que tout change, avec le tacite changement dans la conception des rapports entre les deux sphères. Dieu est le séparé, cela signifie qu'aucune autorité spirituelle ne participe substantiellement de ses desseins et n'est fondée à en appeler contre l'autorité temporelle. Le pape, pour prendre l'exemple majeur de l'époque, n'a pas à se mêler d'excommunier Henri de Navarre, au motif qu'un hérétique ne saurait accéder au trône de France ; tout huguenot qu'il soit, il tient de Dieu seul son droit au trône, par une communication dont le mystère est soustrait aux ingérences de ses prétendus ministres. Il n'y a que le détenteur de la souveraineté en ce monde, de par l'unicité de sa position, de par la radicalité de sa prééminence, dont on puisse dire qu'il bénéficie du concours divin. C'est ce qui le fonde religieusement à se subordonner les religions. Il est entendu qu'il existe une part individuelle du salut qui lui échappe, enclose qu'elle est dans l'intimité de la relation du croyant à Dieu. En revanche, tout ce qui touche à l'expression publique de la foi est de son ressort, dans la mesure où l'ordre et la paix de la Cité y sont éminemment intéressés. Cette autorisation divine ne signifie pas que le souverain est lui-même introduit dans le secret de Dieu ou qu'il participe charnellement de la surnature. Il leur est tout aussi extérieur en son esprit et en son corps que ses sujets. Il occupe seulement la seule place où le contact entre les deux sphères est concevable, sous une forme qui n'implique aucun mélange.

Ce qui, par conséquent, conserve l'apparence de la médiation, au-dehors, est en vérité le contraire. Le souverain de droit divin fonctionne à l'opposé d'un roi sacré, même s'il en garde extérieurement l'aura. Il remplit une fonction qui l'emmène aux antipodes de la conjonction de l'ici-bas et de l'au-delà. Il est l'opérateur de leur disjonction. Il est l'agent d'une nécessité qui n'a rien au-dessus d'elle, celle de la conservation du corps politique. Elle se joue toute dans le rapport des forces en ce monde, qu'il s'agisse de la pacification au-dedans ou de la guerre au-dehors. Elle s'impose à lui qui est chargé d'en juger et de la mettre en œuvre avec la même rigueur impérieuse que celle avec laquelle il doit la faire prévaloir auprès de ses sujets. Ce pourquoi cette force des choses indépendante désigne comme son opérateur privilégié, au-delà du souverain de chair et d'os, une instance impersonnelle, garante de l'intérêt vital de la communauté en sa continuité objective et anonyme : l'État. C'est en tant que vecteur de la raison d'État que l'État se dresse et s'installe au centre du paysage collectif, en tant que foyer de cet impératif de survie qui demande à être déchiffré dans la pure et froide lumière du calcul et dont le souverain de droit divin représente la primauté sans appel, sous le regard et la caution du Tout-Puissant. Il est là pour signifier, en sa suréminence, qu'il existe un point de l'espace humain d'où la communauté des hommes est juge de sa propre existence, ce qui rend sa position homologue à celle du Créateur vis-à-vis de sa création. C'est, en d'autres termes, la clôture du domaine humain sur lui-même en son autosuffisance relative, l'autosuffisance de l'ordre qui est susceptible d'y régner, que concrétise le souverain de droit divin. Loin de relier l'ordre humain à l'ordre divin à l'instar de l'ancien pouvoir médiateur, il travaille à les dissocier. Dans le quotidien de ses actes, et rien que par la supériorité qu'il invoque, il renvoie le corps politique qu'il commande à l'immanence des raisons auxquelles il obéit, immanence dont l'État qui se développe autour de lui est le condensateur pratique. Avec ce matérialisateur de l'altérité divine, c'est une machine métaphysique à autonomiser les rapports entre les hommes qui est lancée.

En même temps que la disjonction d'avec le Ciel s'accomplit la rupture avec l'universalisme qui était indissolublement associé à l'ancien idéal de conjonction. À la dynamique impériale du pouvoir en extension et de l'englobement universel des communautés humaines se substitue la double dynamique du pouvoir par circonscription interne et de la pluralité externe des unités politiques. C'est ce que va exprimer le principe de souveraineté dans son versant extérieur. Il ne formule pas seulement une exigence d'indépendance de l'entité politique comme constitutive de son existence. Il porte bien plus profond ; il en redéfinit l'essence. À la différence des groupements de l'âge de l'Un, tournés vers l'extérieur en tant que toujours susceptibles d'être englobés dans plus vaste qu'eux, et même faits pour être inclus dans un ordre universel, l'entité souveraine est close sur elle-même et fermée vis-à-vis de l'extérieur. Elle est, par nature, impossible à englober. Peut être dite proprement politique une unité qui n'a rien au-dessus d'elle, qui n'entre dans aucun ordre supérieur, qui dispose de l'autosuffisance (par où la souveraineté récupère, en la reformulant, l'autarcie où Aristote voyait la marque distinctive de la Cité). C'est par cette autosuffisance que l'entité souveraine récupère l'universel à son profit. Point capital, en effet, la rupture avec l'universalisme impérial n'est pas rupture avec la dimension de l'universel, mais changement de son site et de son mode de manifestation. Elle se trouve absorbée dans les bornes de l'unité politique. L'État souverain revendique de s'élever à l'universel du dedans de la circonscription qui le détourne de la projection conquérante vers l'extérieur pour l'orienter vers la défense et l'administration de l'intérieur. Premier changement qui s'accompagne d'un second, non moins crucial pour ce que va vouloir dire en pratique la quête de l'universalité. Cet État souverain qui prétend détenir l'universel dans ses limites coexiste avec d'autres États souverains, qui manifestent aussi légitimement la même prétention. Car qui dit souveraineté dit nécessairement pluralité de souverainetés. C'est l'implicite constituant de la notion. L'émergence de l'État autosuffisant ne se conçoit que dans le cadre d'un système d'États, système où le jeu des alliances et des luttes en vue de l'équilibre est la garantie de l'impossibilité d'une unification impériale. L'ère de la souveraineté, cela va vouloir dire dans les faits, en Europe, l'absence d'empire par la guerre. D'où, pour retrouver la paix qui ne pourra plus venir d'une autorité universelle, ou pour limiter les horreurs de la guerre qui menace de devenir perpétuelle, la recherche d'un autre fondement du droit qui le rendrait susceptible d'être reconnu par tous. Les souverainetés se veulent toutes universelles. L'universel n'est dans aucune en particulier. Il ne peut résider que dans ce qu'elles ont en commun : les personnes dont elles sont semblablement composées. Voie d'avenir que Grotius inaugure dans son *Droit de la guerre et de la paix*, en 1625, au moment où la guerre de Trente Ans menace de s'étendre à l'ensemble des puissances de la chrétienté.

L'universel auquel les entités souveraines aspirent de l'intérieur d'elles-mêmes se manifeste en particulier dans l'exclusivité de la domination attribuée à l'instance souveraine en leur propre sein. Elle représente l'autre versant du principe de souveraineté, ainsi, d'ailleurs, que l'une des dimensions constitutives de la notion d'État. À la clôture qui garantit l'intégrité de la communauté souveraine vis-à-vis du dehors répond la séparation de l'appareil chargé d'exercer la puissance souveraine au-dedans. Qui dit souveraineté dit établissement d'un pouvoir à part et au-dessus des autorités sociales quelles qu'elles soient, un pouvoir capable, en son essence distincte et de par sa primauté absolue, d'embrasser le corps politique dans sa totalité, tout en s'appliquant directement à ses composantes élémentaires. La notion recouvre, en d'autres termes, une redéfinition du pouvoir sous l'ensemble de ses aspects, qu'il s'agisse de sa position, de son extension ou de son mode de relation avec ses assujettis. Pour complètement apprécier l'inédit de cette logique du pouvoir, il faut mesurer la rupture qu'elle introduit par rapport aux anciens principes de hiérarchie et d'incorporation. Le pouvoir souverain n'est pas un maillon privilégié dans une chaîne de supériorités dont les maillons subordonnés font la même chose que lui à une échelle inférieure. Il est d'une autre nature ; il jouit d'une puissance de commandement unique, irrésistible, impartageable, qui le disjoint de la pyramide des rangs et de la cascade des liens d'allégeance ; il ne connaît que des égaux dans l'obéissance. S'il délègue l'exercice du commandement, c'est à des agents expressément choisis par lui et qui le représentent dans sa plénitude de puissance, tout en n'agissant qu'en fonction de ses ordres. Semblablement, le pouvoir souverain ne s'arrête pas à la porte des corps et des communautés, ou plutôt à leur tête, en leur laissant administrer ses demandes ou ses ordres par-devers eux. Il a droit affaire à leurs membres, sans passer par eux. Il s'adresse aux personnes, en traversant l'épaisseur du collectif. Il ne connaît que des « francs-sujets », selon l'expression de Bodin, libres vis-à-vis de lui de leurs appartenances et de leurs dépendances.

Cela n'en fait aucunement un pouvoir total qui aurait vocation à gouverner l'existence commune en son entier. Il ne prend pas en charge l'ensemble de la vie collective ; il s'occupe de ce qui fait exister la collectivité comme un ensemble. Son objet propre, c'est le lien qui assure le corps politique de sa cohérence ; sa vocation, c'est l'ordre qui permet au tout de subsister, pas ce que les acteurs font ensuite à l'intérieur et sur la base de cet ordre. C'est en ce sens qu'il est à la fois « absolu et limité », selon une autre formule aussi frappante qu'énigmatique de Bodin. S'il tire la chose publique du néant, s'il lui procure « l'être et la forme », par l'exercice de sa volonté, il ne se mêle pas du contenu de la vie sociale. Celle-ci existe en dehors de lui, à commencer par la propriété privée qui en constitue le pivot. Il n'est, au demeurant, que de considérer le canal d'expression normal de cette volonté instituante et ordonnatrice pour saisir la raison de cette restriction. Il réside dans la législation. Le pouvoir souverain est un pouvoir principiellement limité, au milieu de son absoluité, en ce qu'il est essentiellement un pouvoir *sur* et *par* les lois.

La cristallisation de l'idée de souveraineté, sous

cet angle, se confond avec le dégagement du politique dans son rôle constituant. Il n'est plus l'instrument d'une domination qui tombe de plus haut, mal discernable pour lui-même en tant que vecteur naturel d'une instauration surnaturelle. Il passe au premier plan. Il se détache depuis le sommet de l'édifice humain où il a électivement son siège comme l'englobant qui permet à une communauté de se constituer dans l'élément de la volonté. Ce n'est pas seulement avec l'imposition surnaturelle que brise la suprématie terrestre ainsi conçue, c'est tout autant et solidairement avec la donation naturelle du lien de société, avec le présupposé de la cohésion spontanée des groupements sociaux. Une communauté politique existe parce que son existence est voulue ; elle est suspendue à l'action d'une suprême volonté qui la tire, par l'ordre, du chaos où elle risque toujours de retourner et de se dissoudre. Le « corps » qui mérite maintenant d'être appelé proprement « politique » l'est dans un sens fort différent de ce que suggéraient les vieux schèmes organologiques. Pas de notion plus trompeuse en sa continuité apparente. Il n'est plus un corps de corps, une multiplicité graduée d'organismes dont la conjonction passe par l'assignation à chacun de sa juste place dans l'échelle de l'être. Il est l'unité d'une totalité tenue ensemble par l'exercice d'une volonté unique — une volonté qui ne se contente pas de vouloir : son office primordial est de définir et de maintenir l'ordre qui permet au corps d'être. Le règne du politique se présente ainsi sous des traits très précisément définis. Il passe par le monopole du lien spécifiquement politique, assuré par une instance détachée du reste qui à la fois vise l'ordonnance globale et s'applique aux sujets singuliers. C'est ce triple caractère de spécificité, de généralité et d'immédiateté du rapport entre la base et le sommet que va condenser la notion d'État. Si l'État se déploie dans l'élément de l'universel, en dépit de la particularité du territoire et de la population où son action s'exerce, ce n'est pas simplement parce qu'il est, de la sorte, le seul de son espèce, celui qui a en vue le tout et qui est par principe en relation avec tous, c'est aussi parce qu'il y va, dans les données qui le définissent, des conditions d'existence d'une communauté en général.

L'expression de changement de forme du politique n'est pas trop forte, on le voit. Elle a plutôt pour défaut de ne pas suffisamment rendre l'ampleur de la recomposition qui s'opère sur tous les fronts à la fois, vers le dessus, vers l'extérieur, vers l'intérieur. Au travers de l'État souverain de droit divin émerge une communauté politique d'un genre entièrement nouveau, dissociée de l'au-delà, immergée dans la rivalité avec ses pareilles, dotée d'une autorité qui l'exprime en sa totalité. Une communauté explicitement politique, pour commencer, et une communauté tournant le dos ensuite, dans l'ensemble et dans le détail de ses rouages, à l'économie religieuse du lien de société. Ce changement radical de l'être-ensemble n'est pas seulement le premier acte de la révolution moderne. Il constitue le socle sans lequel la poursuite de son développement n'eût pas été concevable. C'est sur cette nouvelle architecture politique que repose l'explosion de l'aventure dans les autres directions qu'elle allait emprunter.

Autant il était nécessaire, cela dit, de faire apparaître la cohérence de la forme qui prend corps entre 1600 et 1650, autant il fallait dégager la logique qui préside à ce redéploiement de l'être-ensemble, autant il est indispensable, maintenant, de marquer les limites de leur expression historique en ce premier moment. Le point est capital pour l'intelligence du parcours qui va suivre, tant dans ses aspects conjoncturels et événementiels que dans ses aspects structurels, qu'il s'agisse des ruptures par lesquelles il va passer, des illusions de perspective qu'il ne va cesser de susciter chez ses protagonistes, ou des modalités que va successivement revêtir l'extension de la forme nouvelle. Si, par un côté, la nouvelle économie de l'être-ensemble est définie dans ses grandes lignes, si ses articulations principales sont irréversiblement entrées dans les faits, avec des incidences transformatrices gigantesques en leur lenteur souterraine, par l'autre côté, leurs manifestations demeurent embryonnaires ou contenues. C'est qu'elles ne sont pas seules. Elles composent et se combinent, à tous les niveaux, avec les expressions installées de l'ancienne économie. Ce sont ces dernières qui continuent de tenir le haut du pavé. Officiellement, on est toujours dans un univers qui se conçoit et se veut de part en part religieux. En pratique, on va avoir affaire durant deux siècles à un compromis entre l'ancienne forme religieuse et la nouvelle forme politique, à tel point que l'on pourra avoir l'impression de la persistance de l'ordre traditionnel. Sous cette continuité de surface, il faut savoir détecter le travail d'un mixte. Si l'ancien commande les expressions du nouveau, et s'il les freine dans leur expansion, il est aussi à leur service. Cet ordre prétendument traditionnel est le véhicule de son contraire ; l'innovation s'y emploie sans relâche à saper et à dissoudre la tradition par le dedans.

Le point stratégique de cette ambiguïté est naturellement le droit divin. C'est là que l'association équivoque entre l'hétéronomie religieuse et l'autonomie politique a son foyer emblématique. Il n'y va pas seulement en ce lieu de l'articulation entre le Ciel et la Terre, il y va de ce qui assure leur unité ultime. Ce principe de l'économie de l'Un est simultanément défait et reconduit sous le couvert du droit divin. Ce que celui-ci recouvre, en réalité, on l'a vu, c'est une dissociation en acte avec le Ciel. Mais il n'est pas indifférent que la disjonction s'opère sous les apparences du maintien d'une relation légitimante privilégiée avec lui. Les apparences ne sont pas que des apparences ; elles sont le vecteur d'une substance. Rien ne serait plus faux que de les réduire à un masque cyniquement brandi par les maîtres pour égarer le troupeau ; elles renvoient à une ambiguïté foncière qui s'impose à la conscience des acteurs et qui leur cache l'exacte portée de leurs entreprises ; elles manifestent la très réelle perpétuation de la forme de l'Un qui accompagne la non moins réelle subversion de la dépendance sacrale. La séparation se coule dans la conjonction. Le lien électif du souverain avec le Ciel a beau être vide, il est posé, toujours, comme ne faisant qu'un avec lui et, conséquemment, comme ne faisant qu'un avec le corps politique qu'il a charge de gouverner. Cette intrication de l'ancienne exigence d'union et du nouvel impératif de subordination va durablement empreindre l'allure et la conception des États. Sans plus être des relais du transcendant, ils vont conserver l'esprit et l'aspect de la domination sacrale dans l'exercice de leurs fonctions immanentes. Ils vont chercher à obtenir l'ancienne unité par les moyens nouveaux de la volonté ; d'où un appel démultiplié à l'absolu de l'autorité. Leur rôle ordonnateur à l'échelle de la sphère humaine va être exalté comme s'il s'agissait de la réfraction de l'ordre divin. Le pouvoir au service de la communauté d'en bas s'inscrit dans le corps du pouvoir émané d'en haut. Les révolutions futures sont en germe dans ce mariage contre nature. Ce sera la plus profonde des contradictions qui mineront secrètement le monolithe de ce premier État absolu : il s'épuise à s'identifier avec un corps politique qu'il ne peut servir que du dehors ; plus il prétend le pénétrer pour le faire exister, plus il s'en dissocie, plus il se révèle dans sa véritable nature d'instrument prosaïque et d'instance séparée. Mais même une fois l'incarnation monarchique dissoute ou neutralisée, il faudra très longtemps pour apprendre à regarder l'État avec des sens sobres, tant sa capture par le divin et la magie de son élévation auront été insistantes. L'État de l'Un, l'Un dans et par l'État resteront des figures chargées d'une irrépressible attraction bien après que le divin lui-même a eu perdu son prestige.

Le compromis qui se noue de la sorte, sous le nom de droit divin, entre la destitution intime du principe de médiation et sa sauvegarde externe est la clé de voûte d'une coalescence généralisée des contraires. L'abstraction étatique se loge, ainsi, dans la personnification royale. Le pouvoir incarné, concentrant l'assujettissement à l'au-delà dans un être de chair et de sang, offre son réceptacle au pouvoir impersonnel qui ne connaît d'autre loi que les froides nécessités de l'ici-bas. De la même façon, le principe de souveraineté compose avec le principe de hiérarchie. La supériorité absolue du monarque se conjugue, non sans heurts, avec l'ancien édifice des ordres. La subordination des noblesses leur conserve l'éminence de leur rang. Le compromis aura son théâtre symbolique dans le spectacle de la cour, qui exalte contradictoirement la suprématie du souverain et la participation des grands à son pouvoir. Il les domine et il ne peut se passer d'eux. Semblablement, enfin, l'unité de volonté se combine tant bien que mal avec la pluralité des corps et des communautés. Elle les rassemble sans les dissocier. Le vieux schème organologique autorise ici, il est vrai, une assez remarquable alchimie symbolique : il permet de sauver le principe d'incorporation tout en le transformant, par l'absorption des corps sociaux au sein d'un corps politique englobant.

Ce mélange d'ancien et de nouveau, faut-il le préciser, est tout sauf immobile. Les termes du compromis se déplacent. Le nouveau impose inexorablement sa loi à l'ancien sur lequel il est contraint de se modeler. L'État en acte peut se réclamer de l'ordre sacré ; la course à la puissance dans laquelle il est engagé avec ses rivaux en fait un désacralisateur et un rationalisateur de tous les jours. Entre le calcul diplomatique, les impératifs stratégiques, le gouffre des besoins militaires, les pressantes nécessités de l'extorsion fiscale, il renvoie au quotidien les peuples au nom desquels il règne, à la prose des moyens au travers desquels une communauté politique s'assure de son existence. L'appropriation de l'espace, le contrôle des hommes, l'augmentation des richesses, l'accroissement des populations : voilà le domaine tout terrestre qu'il taille peu à peu. Il donne corps, lentement mais sûrement, à l'emprise de l'organisation collective sur elle-même. La solidarité du souverain avec les grandeurs d'établissement est une chose, la souveraineté qui est en marche au travers de lui en est une autre. Elle dessine une référence absolue qui plie invinciblement les rangs sous sa coupe, distend sans pouvoir le trancher le vieux nœud des monarchies et des aristocraties, ramène les assujettis sur une même ligne. Quelles que soient les intentions de ses maîtres, le nouvel appareil politique fonctionne comme une machine à égaliser les conditions. Et, de même que ce travail de réduction égalitaire n'est pas séparable du travail de restitution à l'immanence, il n'est pas séparable du travail de désincorporation qui dissocie les appartenances obligées et délie les personnes de leurs définitions par inclusion. C'est ce processus d'autodestitution du vieil ordre religieux et royal par la logique de l'État dont il est devenu le porteur à l'âge absolutiste que recouvre en réalité notre notion confuse d'« Ancien Régime ». On conçoit l'inépuisable complexité de son inventaire et de son analyse. Il est tissé d'une conjonction mobile d'opposés. On peut le dépeindre comme une survivance. Il présente tous les traits, toujours parfaitement reconnaissables, de l'antique domination sacrale. En même temps, il est moderne et modernisateur. Il est le siège d'une recomposition complète du politique dont la dynamique chemine irrésistiblement par le canal de ses rouages les plus archaïques. Assurément que l'appareil absolutiste est très loin de l'absolu d'autorité auquel il prétend. Il n'a d'autre moyen de la viser que de passer par son contraire. Qui plus est, sous couvert d'absolu théologique, c'est la relativité des raisons internes du domaine humain qu'il s'emploie à promouvoir. Il n'empêche qu'il faut savoir déchiffrer, derrière l'inadéquation de ce langage et au milieu du tiraillement des réalités, la germination radicalement novatrice d'un nouvel âge du politique.

C'est en France que cette intrication des contraires aura son creuset d'élection. C'est là que le mélange de religion et de raison, d'autorité abstraite et de personnification du pouvoir, d'organicité et d'individualité sera le plus indémêlable. C'est là que la marche autodestructrice de la royauté d'État sera la plus explosive, à terme, en son cheminement secret, à la mesure de la réussite qu'y aura connue l'absolutisme, de l'épanouissement qu'il y aura trouvé après 1660. En Angleterre, il échoue. Les Tudors lui avaient pourtant donné des bases prometteuses. Les Stuarts ne parviendront pas à consolider l'édifice. L'ancienne représentation des ordres du royaume se dresse en travers de l'absolutisation. C'est l'apparente continuité avec les libertés traditionnelles, à l'intérieur de la souveraineté nouvelle, qui finit par l'emporter avec la Glorieuse Révolution de 1688, en dépit de la Restauration de 1660. Il y aura deux grandes voies de la modernité. Côté anglais, la libéralisation de l'autorité souveraine, grâce à la séparation/association du Parlement et du Roi. Côté français, la déconstitution révolutionnaire de la puissance souveraine incorporée dans le monarque et son appropriation par les égaux.

Chapitre IV

LA FONDATION EN DROIT ET L'INVENTION DE L'INDIVIDU

Ce que les attaches religieuses de l'État d'Ancien Régime interdisent de formuler dans ses parages directs va se trouver explicité du dehors, de manière indépendante, par les jurisconsultes et les philosophes. La révolution religieuse du politique se prolonge dans une révolution intellectuelle du politique. Une révolution qui prend son essor parallèlement à une autre, où elle va puiser crédit et matériaux : la révolution scientifique du mécanisme, laquelle répercute et traduit, elle aussi, l'éloignement du divin dans son registre spécifique, à savoir l'explication du fonctionnement de l'univers matériel. La révolution intellectuelle du politique amène au jour ce qui est implicitement contenu dans le système de ces notions inédites au nom desquelles s'avancent désormais les prétentions du pouvoir : État, souveraineté, droit divin. Elle exprime tout haut ce qu'elles gardent caché. Elle tire les conséquences de ce que véhicule la nouvelle forme pratique que tendent conjointement à revêtir l'autorité et la communauté. Elle répond, pour commencer, au problème de légitimité soulevé par la nouvelle entité souveraine, problème auquel le droit divin n'apporte pas de solution suffisante. Elle dégage un nouveau fondement en droit du corps politique et de son pouvoir, qui conduit à en repenser radicalement la nature : il ne peut s'établir que sur la base du droit subjectif de ses membres. C'est ainsi qu'entre dans le monde, par le levier du droit, un être destiné à y prendre une place toujours plus considérable : l'individu. Car il y va de bien plus que d'un principe abstrait de légitimité dans cette invention du contrat social ; il y va d'un principe concret de composition du collectif, d'une dynamique générale des rapports entre les êtres. Encore cette redéfinition en règle du domaine humain-social à la lumière du droit ne va-t-elle pas s'arrêter à la mise en évidence de son fondement immanent ; elle va aller jusqu'à l'explicitation de l'idéal de son fonctionnement autonome. Ce passage de la fondation contractuelle à la visée d'autonomie est proprement le cœur de la révolution du droit naturel moderne, du *Léviathan* de 1651 au *Contrat social* de 1762. Dès lors, le droit naturel devient l'opérateur désigné pour dénoncer et dénouer les archaïsmes dans lesquels l'État souverain de droit divin reste englué. Issu de sa matrice, il finit par se faire l'accoucheur de ses potentialités inaccomplies. La Révolution des droits de l'homme tranche le lien entre la forme étatique et l'incarnation royale ; elle libère la logique du politique de la gangue sacrale à l'intérieur de laquelle elle avait dû se développer. Sauf que la forme politique échappe dans l'opération à l'instrument juridique qui la fait advenir ; elle se révèle immaîtrisable par lui. En quoi la Révolution française peut être regardée comme la première grande manifestation du problème auquel nous sommes en proie aujourd'hui, le problème de l'ajustement et de la conjugaison de dimensions qui, pour être solidaires, n'en sont pas moins problématiques à faire fonctionner ensemble — le problème, en un mot, de la mixité de notre régime. Le droit des individus a beau procéder de la forme étatique ; il a beau avoir été l'outil de son émancipation, la constitution d'un État sur la base d'un individualisme juridique rigoureux s'est avérée une tâche impossible, en ce moment inaugural. C'est que l'on est en présence, de part et d'autre, de logiques puissantes qui comportent chacune une vue complète de l'établissement humain-social. Le politique tend à se poser comme une réponse suffisante, à lui seul, à la question de l'être-ensemble ; mais la composition du collectif à partir des individus se déploie semblablement comme ayant réponse à tout. Comment associer des dimensions qui se donnent pour exhaustives alors qu'elles ne sont en réalité que partielles ? Tel sera devenu le problème de la modernité, au terme de cette deuxième étape de la révolution moderne qui aura consisté à ajouter une nouvelle norme théorique à la nouvelle forme pratique.

On ne peut comprendre l'essor du droit politique des XVIIe et XVIIIe siècles hors du cadre préalable que lui fournit la révolution étatique. Il en procède et il la prolonge, en en donnant à lire la face cachée. Il y puise ses questions motrices et il en exploite les ressources latentes. L'individualisation du rapport d'obéissance dès lors qu'il s'agit de souveraineté, la clôture autosuffisante sur soi de l'entité politique, la volonté omniprésente qui lui communique son organisation, l'artifice de l'établissement humain : tous ces termes destinés à renouveler de fond en comble la conception de l'être-ensemble légitime sortent de ce qui se dessine confusément dans les réorientations de la pratique. L'impulsion déclenchante vient, en fait, de deux côtés. Les États nouvelle manière demandent à être reconsidérés sous deux angles, par le dehors, les uns par rapport aux autres, et par le dedans, du point de vue de leurs articulations internes. Aussi le droit naturel moderne sera-t-il double, comme le résume l'expression reçue de « droit de la nature et des gens ». Il sera à la fois un droit entre les États et un droit de la constitution des États. Nous tendons spontanément à privilégier cette seconde dimension, à cause de l'ampleur de ses suites. Elle ne doit pas faire oublier la première, pourtant, dont le rôle d'entraînement a été primordial.

J'y ai fait allusion à propos de Grotius, la disparition de la société universelle du genre humain et de ses arbitres suprêmes ouvre un problème béant quant aux normes susceptibles de s'imposer à tous au milieu de cette dispersion. Subsiste-t-il encore quelque chose comme un droit entre des unités souveraines irréductiblement séparées, en leur pluralité, et qui n'admettent rien au-dessus d'elles ? Qu'est-ce qui peut permettre de faire justice de leurs prétentions rivales, de régler ou de limiter leurs conflits, de préserver leurs accords ? Le péril de la guerre générale qui s'annonce exige de retrouver la pierre de touche d'un consentement universel. Il faut fonder autrement ce qui n'est plus donné sous la forme de règles préétablies de la coexistence. Il subsiste bien, pourtant, une humanité commune entre ces entités disjointes. C'est de ce côté qu'il faut chercher la base qui se dérobe. Elle ne peut résider que dans les personnes singulières dont l'humanité est faite et qui existent en droit par elles-mêmes avant que d'être membres d'États rivaux — comme l'attestent, d'ailleurs, les protections que le droit de la guerre leur a coutumièrement reconnues. C'est ainsi que la division des souverainetés conduit à une refondation du droit de l'humanité en général qui tend à désigner l'individu comme le seul foyer imaginable de l'universel, à l'inverse de tout ce que l'on avait pu penser jusqu'à présent. Un individu défini, qui plus est, dans cette perspective, par une remarquable propriété de désappartenance. Il est universel en tant qu'il échappe à l'absorption forcée dans une entité politique particulière. En même temps, c'est cette universalité par extranéité qui lui confère des droits en tant que membre de cette entité. Il est citoyen en tant qu'homme, en d'autres termes, et il est homme avant que d'être citoyen. Les suggestions inscrites dans ce dispositif de pensée mettront du temps à produire l'intégralité de leurs effets, à partir du moment où Grotius les introduit sur la scène intellectuelle. Leur pression et leur infiltration constantes, depuis le second plan, ne sauraient toutefois être sous-estimées.

Elles tiendront rarement la vedette, par rapport aux instances autrement pressantes de l'individu défini de l'intérieur de la communauté politique, à partir de son inclusion politique. Il n'empêche qu'elles représenteront une des lignes de la construction de l'individu de droit, dans la durée. Il a deux faces : il est un individu par la politique et il est un individu hors de la politique, une tension qui est aujourd'hui en passe d'acquérir sa pleine actualité, quatre siècles, bientôt, après que les prémisses en eurent été posées. On en tient ici le germe.

Ce qui va occuper le premier plan, c'est la question des fondements de l'État souverain. Et l'incitation déterminante, sur ce terrain, va venir, paradoxalement, du droit divin. La notion se présente et s'affirme comme le règlement du problème de la légitimité : le pouvoir est de Dieu, tout est dit. En réalité, loin de résoudre le problème, la notion l'ouvre en grand. Car ce qu'elle dit en vérité, c'est qu'il n'existe pas d'ordre divin dont le pouvoir serait l'agent et sur lequel le pouvoir s'appuierait en l'étayant. Ce qu'elle donne à discerner, c'est l'autosuffisance du lien qui tient les hommes ensemble et dont le pouvoir pacificateur est la pièce maîtresse, en sa supériorité absolue. Qu'éclate un conflit secouant l'ordre traditionnel, que s'élève un parti prétendant parler lui aussi au nom de Dieu et face auquel le souverain est désarmé, et la vacuité de cette caution ultime apparaît dans sa nudité sans appel. Il se révèle que la légitimation divine par en haut appelle de toute urgence le secours d'une légitimation rationnelle par en bas. Elle requiert l'appui d'une théorie immanente du pouvoir politique. C'est la ruse du droit divin : il amène au droit humain.

La cristallisation décisive de ces exigences fondationnelles s'opère très exactement à la faveur d'une situation de ce type. Elle ne s'effectue pas par hasard en 1651, avec le *Léviathan* de Hobbes, au point culminant de la « dernière guerre de religion », comme on a pu justement qualifier la révolution anglaise, alors que l'échec de la tentative d'absolutisation de la monarchie Stuart vient d'être consommé par le régicide de 1649. Rarement le travail de la pensée aura été noué d'aussi près aux péripéties de l'événement. On peut suivre l'approfondissement de la réflexion de Hobbes depuis le déclenchement du processus révolutionnaire auquel il répond, dès 1640, avec ses *Éléments de la loi naturelle et politique*. Le parcours donne à voir comment c'est la défaite même de la monarchie dont il est partisan qui lui permet de formuler la théorie d'un absolutisme entièrement conséquent, y compris sur le plan théologique — l'énigmatique troisième partie du *Léviathan*, « De la République chrétienne », constitue en réalité une réinterprétation systématique du christianisme selon le droit divin, le seul traité en bonne et due forme dont nous disposons sur une matière que les circonstances conseillaient d'ordinaire de laisser dans une prudente pénombre. La destruction de la monarchie réelle ouvre à Hobbes la possibilité d'aller jusqu'au bout de son entreprise de fondation d'un absolutisme idéal. C'est en poursuivant ce dessein qu'il achève de jeter les bases de la philosophie du contrat.

Il n'a pour ce faire qu'à exploiter rigoureusement les potentialités inscrites dans cette idée royale qui ne parvient pas à passer dans les faits. Le point de départ et le point d'arrivée sont déterminés à l'avance. Il est acquis, d'une part, que le pouvoir n'est ancré dans aucun ordre pré-donné, comme l'ébranlement de ses bases interdit de l'ignorer. Sa consistance est entièrement à inventer ou à engendrer. Il est entendu, d'autre part, qu'il doit revêtir la forme de cet État souverain qui ne sera véritablement conforme à sa définition que s'il ne connaît, en sa toute-puissance, que des individus égaux dans l'obéissance. Entre les deux, s'impose une théorie de la genèse du pouvoir qui est en même temps une théorie de son organisation légitime. Il ne peut être qu'artificiel et contractuel pour répondre à ces réquisitions. Il ne peut être que le produit du dessein délibéré d'êtres primitivement déliés, en vue de leur mutuelle sécurité. Il ne peut résulter que du pacte passé entre des hommes originellement libres, et donc égaux en liberté, dans l'état de nature, afin de former un seul être qui les élèvera au-dessus des misères de la guerre de tous contre tous par lesquelles se soldait leur indépendance primitive. L'émergence du pouvoir légitime se confond avec l'érection d'un « homme fictif » assurant l'union et la représentation de toutes les volontés en une seule volonté, capable, dès lors, d'obtenir l'obéissance absolue des sujets incorporés en elle.

C'est ainsi que fait son entrée dans le monde, sous un signe aussi surprenant que révélateur, le principe moderne par excellence, l'axiome primordial de la légitimité selon les Modernes, destiné à prendre une place toujours grandissante : il n'y a en droit, à l'origine, que des individus. Même en supposant un pouvoir immense fondé à se subordonner ses sujets sans merci ni reste, il faut le supposer issu du droit de ces atomes qui ne sont rien devant lui. Il n'a de droits que par leurs droits. La source de tout droit réside dans ces prérogatives attachées aux personnes du fait de leur indépendance native, de sorte que toute légitimité collectivement structurée doit être présumée découler ou dériver, par communication expresse, de ces droits initiaux.

Ce qui est fascinant chez Hobbes, c'est de voir ce principe fondateur découvert et proclamé dans le cadre d'une démarche de défense et illustration de l'autorité royale. Cela démontre, s'il en était besoin, l'étendue de la subversion de l'ordre traditionnel qui était inscrite dans l'avènement de l'État souverain de droit divin, dont Hobbes épouse les lignes de force les plus extrêmes. S'agit-il d'en justifier les prétentions, dans une conjoncture où sa puissance défaille, et l'on mesure l'ampleur de la rupture dans la conception de l'ordre politique qui se préparait au sein de la matrice absolutiste. Hobbes la donne à lire sans ambages et à la stupeur, à l'incompréhension ou au scandale de son propre camp. La plupart des tenants de la cause royale, parmi lesquels il se rangeait, défendaient le roi à l'ancienne, avec son cortège de prélats et de grands. Lui pensait et voulait l'État souverain qui était en train de s'affirmer au travers de l'incarnateur royal. Les limites de son entreprise, au regard de développements ultérieurs qu'allait connaître le schème qu'il introduit, sont très exactement celles, d'ailleurs, que l'incarnation royale impose à la forme étatique, à ce stade de son affirmation. L'abstraction du pouvoir reste enfermée dans sa personnification, en lien direct avec la conjonction du Ciel et de la Terre perpétuée au travers du droit divin, en dépit de leur disjonction. Ce sont ces limitations connexes que l'on retrouve chez Hobbes. Il ne peut penser le pouvoir autrement que sur le mode d'une incorporation des sujets au pouvoir, de même qu'il ne peut penser la représentation assurée par le pouvoir autrement que sur le mode d'une participation des représentés au représentant. Le souverain agit à la place des sujets qu'il représente, mais simultanément avec eux et par eux, comme s'il était eux. Cela en fonction de l'assujettissement à la toute-puissance divine qui s'opère au travers de la puissance élevée par les hommes pour les commander. Dans l'obéissance due au souverain terrestre, c'est de la soumission à Dieu qu'il y va ultimement, malgré l'immanence de l'acte de constitution du corps politique. De sorte que l'autofondation du corps politique, pas décisif en direction de son autonomisation, ne s'en associe pas moins à son fonctionnement hétéronome, et mène à une hétéronomie redoublée, de par la captation des volontés individuelles qu'effectue le pouvoir et de par l'application immédiate de sa suprématie à ses sujets. Le désassujettissement métaphysique de la communauté des hommes, qui la met en possession de son principe interne et de ses raisons propres, va de pair avec un assujettissement renforcé de ses membres, tant à la divinité qu'au maître qu'ils se sont librement donnés. Encore une fois, cette ambiguïté n'est pas seulement celle de Hobbes, dans la singularité de ses motifs et de ses options ; elle est également celle de l'objet qu'il s'efforce de penser, tel que l'histoire le lui présente dans le moment où il se trouve.

C'est cette ambiguïté que ses successeurs vont s'employer à lever. Le parcours du droit naturel moderne, dans le sillage de Hobbes, va consister à aligner le mode de fonctionnement légitime du corps politique sur son mode de constitution. Étant donné l'équivoque qui préside à l'apparition du schème contractualiste, il va se déployer contre Hobbes, avec Hobbes. D'un côté, il a fourni le cadre et l'instrument dorénavant insurpassables pour concevoir la genèse et la teneur du lien politique. De l'autre côté, il en a tiré des conclusions qui vont apparaître toujours plus inacceptables avec la marche du temps, les évolutions de l'idée du divin, les données de l'existence collective, les réalités de cet État souverain auquel il s'agit d'assigner des bases en accord avec ses missions. Le desserrement de l'étreinte de l'Un, avec la construction concrète de l'autosuffisance terrestre dans et par l'État qui en administre les moyens, va remettre en question les rigueurs de l'incorporation hobbesienne, les nécessités de la soumission des hommes en corps à la toute-puissance divine, les impératifs de la subordination complète des sujets au souverain à l'intérieur du corps politique. Ils vont apporter de quoi conforter l'indépendance des atomes individuels, de quoi introduire des distances et des séparations à l'intérieur de l'unité politique. L'arrière-fond métaphysique du parcours du droit naturel moderne est formé par le passage à la dualité des ordres de réalité, dégageant l'ici-bas de l'écrasement de l'au-delà, en liaison étroite avec la formation de l'appareil capable de matérialiser la consistance indépendante de la sphère humaine par rapport à la sphère divine. C'est cette avancée dans la disjonction du Ciel et de la Terre qui va permettre le passage de l'autoconstitution théorique du corps politique à l'idéal de son autonomie pratique.

Ce renversement de l'absolutisme contractuel promu par Hobbes va passer par deux moments principaux : le moment libéral, avec Locke, le moment démocratique, avec Rousseau. Là aussi, du reste, les tournants cruciaux de la pensée coïncident avec des crises majeures de la société politique effective. C'est notoirement le cas avec le *Deuxième traité du gouvernement civil*, que les simplifications de la postérité ont érigé en expression philosophique de la Glorieuse Révolution de 1688. Même si le cliché exige d'être passablement nuancé, il n'en pointe pas moins justement le lien qui existe entre le refus de fait de l'absolutisme et le déplacement théorique des termes du contractualisme accompli par Locke. Le lien est beaucoup moins flagrant dans le cas du *Contrat social*, puisque aucune rupture manifeste n'en accompagne l'élaboration et la publication. En l'espèce, la crise se joue tout en profondeur, et ses manifestations de surface ne donnent qu'une faible idée de son ampleur. Mais elle est bien là. Derrière la consécration de la liberté par le contrat, aux antipodes de la sujétion hobbesienne, il y a l'entrée en crise de l'Ancien Régime français et de ses compromis, la mise en marche des contradictions de l'absolutisme qui a réussi. L'État se met à se dissocier du roi. Ces craquements fendent l'édifice de haut en bas, même s'ils sont encore inaudibles. Ce sont eux qui portent l'attribution au peuple en corps de la souveraineté absolue que Hobbes réservait à la personne souveraine.

Encore faut-il ajouter que le renversement de l'absolutisme hobbesien n'ira pas jusqu'à l'émancipation complète des présupposés qui le commandaient. Son legs restera indépassable pour l'une de ses parties. L'Un sous le signe duquel il pense le corps politique des individus et l'incorporation qui lui prête forme demeureront jusqu'au bout le cadre contraignant des révisions radicales auxquelles son héritage sera par ailleurs soumis. Même l'autonomie qui perce chez Rousseau — la capacité du corps politique à se gouverner lui-même par des lois — continuera d'être comprise dans les frontières obligées de l'inclusion des libres citoyens au sein du souverain qu'ils composent ensemble, et de l'identification du pouvoir à la communauté. Cette inscription du politique dans l'Un constituera la limite infranchissable du droit naturel moderne, avec d'immenses conséquences, lorsque les idées qu'il aura développées deviendront des guides pour la réforme des sociétés existantes. C'est de là que résultera l'impossibilité d'ajuster les réquisitions de la logique du droit aux articulations de la politique réelle dont la Révolution française sera l'épreuve.

Ce qui confère un enjeu spécial à ces deux moments, le moment Locke et le moment Rousseau, c'est qu'ils ne représentent pas seulement les étapes d'un parcours. Ils définissent par la même occasion des options permanentes, des polarités destinées à rester organisatrices. Ils nous portent au point de départ de ce qui continue de partager notre monde entre une inclination libérale et une aspiration démocratique. C'est aussi sous cet angle de la constance de la structure qu'il convient de les lire, à côté de celui de la dynamique du désassujettissement qui progresse de l'un à l'autre.

Locke est le grand introducteur de la dualité entre la sphère humaine et la sphère divine, le premier auteur chez lequel le principe de séparation s'exprime dans la rigueur de ses conséquences. Il le formule simultanément sur le terrain de la connaissance et sur le terrain politique. Comme on sait, les *Traités du gouvernement civil* et l'*Essai philosophique concernant l'entendement humain* paraissent la même année 1690, deux ans après la révolution qui a permis à Locke de rentrer en Angleterre, depuis les Pays-Bas où il s'était exilé en 1683. L'esprit humain ne participe en aucune façon ni de l'entendement divin ni de l'ordre caché des choses. Il ne possède pas d'idées innées qui le mettraient en relation avec l'au-delà ou l'installeraient en connivence avec la grammaire de l'univers matériel. Il tire tout ce qu'il apprend par expérience au contact d'une réalité qui lui est foncièrement extérieure. En matière politique, Locke tire de cette extériorité à Dieu, qui n'empêche pas le maintien d'un lien de dépendance envers lui, l'idée d'une autosuffisance du lien politique, par rapport à l'autofondation où s'arrêtait Hobbes. Le lien contractuellement noué entre les hommes n'est en aucune façon destiné à réfracter l'ultime assujettissement des créatures à la toute-puissance divine. Il est un lien entre des libertés, à l'abri d'une dépendance envers le divin qui n'a son siège que dans la relation entre chaque conscience individuelle et son créateur. Du point de vue du contexte historique, Locke est le penseur de la crise du droit divin qui fait le fond religieux et métaphysique de l'expulsion des Stuarts du trône de 1688. Il n'existe pas d'autorisation divine du pouvoir établi parmi les hommes. Locke en tire l'exclusion de principe d'une autorité absolue, c'est-à-dire d'une autorité représentant la contrainte de la toute-puissance divine et réunissant en elle, comme le voulait Hobbes, le pouvoir ecclésiastique d'interprétation de l'Écriture et le pouvoir civil de prescription des lois. Le commandement divin n'est saisissable que par la raison des individus. Ainsi la dépendance envers le Créateur que chacun éprouve du dedans de lui-même sous l'aspect de la loi naturelle qui s'impose à la raison est-elle fondatrice d'une irréductible indépendance des consciences. D'où suit la nécessité de la tolérance dans le domaine religieux. Les hommes sont libres les uns vis-à-vis des autres dans la mesure où ils obéissent individuellement à Dieu. L'ordre politique artificiel qu'ils instaurent entre eux n'a d'autre fin que de confirmer cette liberté qui se concrétise dans l'appropriation de la nature par le travail. Le pouvoir ne peut être, dès lors, que représentatif et limité. On n'a pas seulement affaire à des individus originels, mais à des individuels actuels qui restent extérieurs au pouvoir qu'ils ont établi, et qui conservent en face de lui une part de leur indépendance native, indépendance matérialisée en particulier par leurs propriétés. Sous cet aspect, la formule souhaitable de ce conservateur des propriétés est le moins de pouvoir possible. Sa détermination revêt toutefois un autre aspect. Représentatif, ce pouvoir l'est en un sens entièrement différent de la représentation hobbesienne : il doit émaner d'une délégation expresse des membres du corps politique et conserver une correspondance vérifiable avec leur vœu. Il s'ensuit une transformation notable de l'idée de ce pouvoir. Ce qui le rend conforme à son essence représentative, c'est d'être fondamentalement un pouvoir législatif. S'il commande, c'est par des lois. C'est par ce canal qu'il trouve sa juste adéquation à la volonté de ceux qui l'ont désigné. Par où s'insinue une autre perspective sur les missions de ce pouvoir limité, qui l'élève au-dessus du pouvoir minimal d'un conservateur des propriétés. Il lui revient de conduire la communauté que forment ensemble les propriétaires, au-delà de la dispersion de leurs propriétés. Car la sortie de l'état de nature produit bel et bien « un corps politique unique sous un pouvoir suprême », comme le dit le *Deuxième traité de gouvernement civil* (VII, § 89). C'est cette entité consistante par elle-même, en quelque façon, qu'il s'agit de gouverner.

Il y a en réalité chez Locke une remarquable hésitation sur la nature du pouvoir chargé de traduire cette indépendance individuelle qu'il intronise grâce au levier de la loi naturelle. Est-ce un pouvoir réduit au moins qu'il est possible, en son asservissement aux fins des individus qui l'ont érigé ? Est-ce un pouvoir qui trouve dans sa limitation même le ressort d'une existence politique propre ? Locke esquisse les deux voies, sans trancher entre elles. L'histoire qui suivra ne tranchera pas davantage. L'incertitude sur la nature du pouvoir qui convient à l'univers des individus restera consubstantielle au destin du libéralisme. Nous ne cesserons de la retrouver. La version libérale du contrat des indépendances privées demeurera partagée par le flottement qui se déclare dès ses premiers pas. Il explique beaucoup de ses avatars ultérieurs.

Ce flottement permet de mieux comprendre, en tout cas, que Rousseau ait pu se réclamer de Locke, et même protester de sa fidélité à son inspiration. N'écrit-il pas, à la fin de la *Sixième lettre écrite de la Montagne*, que Locke non seulement a traité les mêmes matières que lui, mais « les a traitées exactement dans les mêmes principes que moi » ? On peut dire, en effet, qu'il s'inscrit dans la continuité d'un certain Locke, contre l'autre Locke. Il pousse plus loin encore que Locke la consécration des droits de l'individu actuel. Comme lui, il veut la tolérance. Il exploite à fond les ressources de cet outil par excellence du gouvernement en commun qu'est la loi, dont Locke, le premier, a discerné la place et le rôle. Il ne fait en un sens que développer la perspective du gouvernement du « corps politique unique » par ce moyen que Locke a esquissé. Sauf que ce développement change entièrement le visage et l'enjeu tant du pacte fondateur que du fonctionnement politique qui en découle. Ce n'est pas seulement que Rousseau proscrit la représentation à laquelle Locke donne ses lettres de noblesse, c'est que ce pas de plus confère un autre statut métaphysique au corps politique autofondé. Dans l'opération, il est devenu autonome. Il dispose de la puissance de se donner ses propres lois. En plus d'être composé d'individus jouissant de leurs droits actuels, il jouit de la capacité réelle de se gouverner en corps. La radicalisation de l'entreprise lockienne à laquelle se livre Rousseau fait surgir, au-delà de la limitation libérale du pouvoir par les droits des individus, la dimension démocratique du pouvoir de la communauté politique sur elle-même. Il ne subsiste plus rien, dans ce cadre, de ce qui maintenait, chez Locke, une dépendance individuelle des hommes à l'égard de Dieu, sous l'aspect de la loi naturelle. Le pacte social est dégagé de quelque attache théologique que ce soit. Il est « l'acte le plus réfléchi » dont l'humanité soit capable, l'acte par lequel elle se retourne sur elle-même afin de s'assurer la maîtrise de sa condition, dans une genèse où elle tire tout de son propre fonds. Aussi ouvre-t-il sur une disposition permanente du soi collectif qu'il instaure. L'autoconstitution de la « personne publique », comme Rousseau l'appelle, n'a de sens qu'à lui procurer la possession d'elle-même dans son tout d'institution et dans ses parties constituantes. On est aux antipodes de la sujétion où les membres de « l'homme artificiel » de Hobbes étaient tenus par l'instance souveraine qu'ils avaient érigée. Mais on est très loin aussi de l'indépendance dispersive des individus lockiens, campant chacun sur leurs propriétés. Il y va de l'exercice d'une authentique souveraineté collective dans le déploiement de la liberté des personnes, n'en déplaise à Locke ; sauf que l'exercice de cette souveraineté fait l'objet d'une appropriation par l'ensemble des membres du corps politique, comme Hobbes n'eût pu un instant l'imaginer. Rousseau, pourrait-on dire, joue ses deux prédécesseurs l'un avec l'autre et l'un contre l'autre. Il renoue, contre Locke, avec la plénitude de puissance impliquée par le pacte hobbesien ; mais c'est pour y introduire, en la multipliant, la liberté de l'individu lockien.

Ce changement radical de problématique est à replacer dans le contexte qui le porte. C'est d'abord un déplacement géographique. Le droit politique moderne avait eu son premier laboratoire dans l'Angleterre du XVIIe siècle, à la faveur des oppositions sur lesquelles s'y brise le processus d'absolutisation. Il se transporte en France, sur les terres de l'absolutisme qui a réussi à s'imposer et qui n'a guère laissé libre cours, ce faisant, à une réflexion sur les fondements de son autorité. Le droit naturel reste pour ainsi dire étranger à la vie philosophique française, hors des traductions qui le font pénétrer de l'extérieur, jusqu'au milieu du XVIIIe siècle. S'il fait une irruption fracassante à cette date, c'est le signe de la crise des fondements qui rattrape cet absolutisme victorieux. Les effets mêmes de sa victoire en viennent à le remettre en question. Trois séries de facteurs vont se conjuguer pour précipiter la crise de légitimité de la monarchie en apparence la plus puissante et la mieux assise d'Europe, une crise diffuse, intime, sans conséquences directement appréciables, mais dirimante en profondeur.

Interviennent en première ligne les suites à terme du triomphe de l'État souverain de droit divin, sous les traits de l'autorité monarchique. L'absolutisme qui réussit dans la réalité se présente sous un jour nettement plus modéré que l'absolutisme théorique construit par Hobbes. Il se garde d'aller aussi loin que le voulait celui-ci dans l'absorption de la puissance ecclésiastique au sein de la puissance civile. Il respecte tant bien que mal les rangs, les statuts, les corps, les communautés. Il demeure, en un mot, très en arrière de son projet implicite, tel que le philosophe l'expose sans fard. Reste que la logique de la suprématie métaphysiquement absolue qu'il lui est consubstantiel de mobiliser le conduit à exercer une pression délégitimante continue à l'endroit des prétentions des Églises. Reste que la logique de la souveraineté l'amène en permanence à saper les hiérarchies, les supériorités sociales établies et les liens organiques à l'intérieur de la collectivité. Rien n'œuvrera plus efficacement, dans la durée, à accréditer le point de vue de l'individu, le point de vue de la prééminence de la puissance publique, le point de vue d'une politique commandée par les intérêts de l'ici-bas. Tous principes qui, à un moment donné, lorsqu'ils seront suffisamment entrés dans les esprits, vont être retournés contre lui et vont faire apparaître comme intolérables ses compromissions avec le passé, ses faiblesses envers l'Église, son engluement dans la société du privilège. Des limites et des transactions d'autant plus accusées que la crise du droit divin qu'on a croisée au moment de la Glorieuse Révolution anglaise n'est pas restée sans effet sur la monarchie louis-quatorzienne. Sans l'affecter directement, elle l'a touchée secrètement. Elle l'a stoppée dans son élan étatique et ramenée dans le giron religieux et royal. Le changement de cap est net dans les années 1690. C'en est fini de la revendication d'une légitimité directe de Dieu, capable de braver l'autorité du pape et de forcer l'adhésion des peuples. À défaut du consentement de la nation sur lequel va faire fond le nouveau régime anglais, il n'y a plus, pour la monarchie française, qu'à renouer avec les sources traditionnelles de la légitimité, la continuité du sang dynastique, l'appui de la noblesse, le concours du sacerdoce. On assiste à quelque chose comme une retraditionalisation de la royauté, qui lui rend encore plus inavouable le programme génétique qui continue de l'animer. Le divorce entre son versant modernisateur et son versant archaïque, entre ses promesses et ses faiblesses, n'en sera que plus aigu, lorsque les principes qu'elle véhicule malgré elle s'extériorisent par rapport à elle et se mettent à lui être ouvertement opposés.

C'est ce qui se passe, donc, à compter de 1750. Il aura fallu l'intervention de deux autres facteurs pour déterminer cette entrée en crise, en sus de la lente maturation des contradictions de l'État royal. Un facteur conjoncturel va mettre celles-ci à nu, tandis qu'un facteur substantiel va les exacerber, en accroissant la demande d'État au détriment de la tradition royale.

La religion redevient un problème politique. Partout en terre catholique, et spécialement en France, la question de la subordination de l'Église à l'État reparaît à l'ordre du jour. Ce qui avait été diversement résolu, en terre protestante, par la jonction de l'autorité politique et de l'autorité religieuse, la nationalisation des Églises et le processus dit de « confessionnalisation », surgit comme une question vive devant les princes et les peuples qui avaient continué d'obéir à Rome. Un signe qui ne trompe pas de la poussée de cette entité qu'on n'a pas encore rencontrée, mais avec laquelle on n'a pas fini de compter : la nation. Elle se dessine dans l'ombre des États, sur les ruines de ce qui pouvait subsister de vestiges d'une autorité universelle. Ce ne sont plus seulement les souverains qui repoussent toute idée de soumission à un suprême arbitre, ce sont désormais les peuples identifiés à leur État. Ils se sont approprié ce principe d'une autorité qui n'a rien au-dessus d'elle, en dépit de sa particularité. L'universalité catholique, ou ce qu'il en subsiste, se dresse comme un obstacle sur la route de cette saisie collective de la souveraineté. La cible désignée de cette aspiration des États à se soumettre ce pouvoir qui s'obstine à leur échapper sera la Compagnie de Jésus. Elle symbolise les menées d'une puissance spirituelle universelle qui n'a pas renoncé à s'imposer aux puissances temporelles. Pombal l'expulse du Portugal en 1759, la France suit en 1764, puis l'Espagne en 1767 (l'Espagne qui a remis l'Inquisition à sa place en 1748). De guerre lasse, le pape lui-même abolit la Compagnie en 1773. Mais en France le problème prend une tournure particulière du fait de la dissidence janséniste et de la dispute relancée sur la place publique par la fameuse bulle *Unigenitus* de 1713. La querelle rebondit au cours des années 1750 avec l'affaire dite des « refus de sacrements » — l'archevêque de Paris subordonnant l'absolution aux mourants à la vérification de leur orthodoxie. L'opinion se trouve ainsi prise à témoin d'un conflit de religion au sein de l'État qui ranime ni plus ni moins l'équation théologico-politique initiale de l'absolutisme. Avec cette différence énorme que l'appel à la souveraineté absolue pour imposer la paix aux convictions en lutte est devenu un appel à l'imposition de la tolérance. Il ne s'agit pas que la puissance civile se fasse puissance ecclésiastique, comme chez Hobbes, pour interpréter l'Écriture et obtenir ainsi l'obéissance religieuse. Il s'agit que le souverain use de sa suprême autorité pour obliger une hiérarchie ecclésiastique intolérante au respect des consciences individuelles. C'est qu'entre-temps le principe de liberté a fait son chemin. La crise du droit divin de la fin du XVIIe siècle n'a pas affecté seulement la royauté. En achevant d'exclure du pensable la conjonction du Ciel et de la Terre, en faisant de la dissociation de l'ici-bas et de l'au-delà la loi du croyable, elle a aussi frappé au cœur le pouvoir dogmatique du magistère spirituel. Elle a créé les conditions métaphysiques d'une individualisation des croyances qui chemine au cours du premier XVIIIe siècle avant de percer au jour comme une revendication explicite dans les années 1750. Non sans quelque paradoxe, elle gagne ses galons grâce à la bataille menée par les sectateurs de saint Augustin ou à ses contrecoups. Car la requête adressée à l'État de se subordonner l'Église est une requête en faveur de la liberté. L'autorité absolue est convoquée, ici, au service de l'individu. Si le *Contrat social* renoue avec Hobbes pour réclamer la réunion des « deux têtes de l'aigle », la religion civile qu'il revendique est fort différente de la religion du droit divin exposée dans le *Léviathan*. Elle ne comporte qu'un seul « dogme négatif », elle ne proscrit qu'une seule chose : l'intolérance. Mais, pour obtenir cette garantie de l'indépendance des consciences, il faut passer par la souveraineté absolue. En quoi l'âge de la liberté reste hobbesien.

Mais si cette équation théologico-politique d'origine retrouve un rôle moteur, c'est en fonction d'une troisième et dernière force d'entraînement, encore beaucoup plus considérable dans sa pesée sous-jacente. Une force qui fait entrer en scène la troisième et dernière composante de la révolution moderne, à savoir l'orientation historique. On la voit ici exercer ses premiers effets. Ses racines remontent à ce qu'on a saisi négativement comme crise du droit divin et positivement comme le tournant de la dualité des ordres de réalité qui s'exprime dans la vision lockienne de la connaissance et du travail. Beaucoup plus largement et profondément, il va se traduire par une fondamentale réorientation temporelle de l'activité humaine. La dissociation, c'est-à-dire la déhiérarchisation métaphysique, de la sphère divine et de la sphère humaine va appeler les hommes à se poser en pratique et en théorie comme les créateurs de leur propre monde dans le temps. Ils vont commencer, modestement, par se reconnaître pour les artisans de son amélioration, pour les auteurs de ses *progrès*. Le mot est lâché, c'est lui qui exprimera la conscience neuve de cette extension en acte vers le futur.

Durant deux siècles ou à peu près, la séparation de la nature et de la surnature — cette séparation dont Luther avait introduit le principe religieux, au début du XVIe siècle, et dont l'État souverain de droit divin, d'un côté, la science mécaniste de la nature, de l'autre, avaient tiré les conséquences, un siècle après, en matière d'organisation du monde humain et d'explication de l'univers matériel —, la séparation de la nature et de la surnature, donc, n'avait pas été jusqu'à ébranler pour autant le présupposé de l'unité de l'être. L'immense nouveauté était de le comprendre comme constitué de deux sphères, disjointes, Dieu ne se manifestant pas dans la nature ni parmi les hommes, sauf révélation ou miracle, mais deux sphères continuant de composer ultimement un seul et même être, sous le signe de la subordination unifiante à la toute-puissance de Dieu. Ce qui justifiait les prétentions de la métaphysique de la physique moderne à percer le secret de cette unité divine, au travers et au-delà des lois dégagées par la raison au sein des phénomènes naturels. Cette disjonction hiérarchique dans l'unité restait compatible et pouvait même montrer des affinités avec la vision chrétienne d'une infériorité pécheresse de l'ici-bas, tendue vers l'espérance du salut dans l'au-delà. On en avait eu une illustration remarquable avec l'augustinisme rigoureux dont l'épanouissement avait accompagné l'affirmation de la puissance louis-quatorzienne, dans la France des années 1660-1670. Il avait offert l'exemple même de l'avancée du moderne dans la ressaisie d'un langage ancien, le plus sombre pessimisme chrétien quant à la misère de la créature s'y alliant à la science cartésienne sur fond de politique étatique. C'est que l'on ne peut concevoir la toute-puissance de Dieu garante de l'unité dernière des ordres de réalité, dont par ailleurs on entend penser rigoureusement la séparation, sans mettre radicalement en accusation la déchéance et l'indignité de l'ordre humain.

Le pas supplémentaire dans la séparation qui s'accomplit autour de 1700, c'est que les deux ordres de réalité acquièrent chacun complètement leur consistance indépendante. Ils cessent de devoir être conçus selon une unité hiérarchisée assignant le domaine humain à une imperfection irrémédiable. En sus de l'autosuffisance physique attestée par les lois internes de la nature, l'ici-bas s'élève à l'autosuffisance morale. Il possède sa dignité propre. Il n'est marqué d'aucune déchéance sans remède, il ne souffre d'aucune carence constitutive. Il représente un domaine d'accomplissement en lui-même, accomplissement qui n'est en rien incompatible avec la quête du salut dans l'au-delà. Mais, dans l'attente de l'autre monde, il y a du sens à la recherche d'une vie pleine en ce monde, d'une vie offrant aux possibilités humaines l'occasion de s'épanouir. Loin de l'élévation contemplative ou des grandeurs terrestres, la vie ordinaire elle-même, la vie selon la famille et le métier, est susceptible d'être une vie bonne. Le tournant de la déhiérarchisation donne ainsi lieu à une frappante réhabilitation de la nature humaine. Le signe le plus probant en sera peut-être, sur le terrain religieux, l'abandon explicite ou tacite du dogme de la prédestination en lequel se concentraient, depuis Luther, la subordination hiérarchique au Dieu séparé et la dénonciation de l'impuissance de la créature pécheresse au regard de la toute-puissance du Créateur. Par ses seules forces, l'homme en proie au mal ne saurait se sauver. Il y faut l'inscrutable décret de Dieu qui distribue sa grâce et désigne ses élus au milieu de cette vallée de larmes vouée à la perdition. Le nouvel éloignement de Dieu qui est derrière la « crise de conscience européenne » de la charnière 1680-1715 vide littéralement de signification, en quelques décennies, ce partage des élus de la grâce et des réprouvés. Il n'y a ni fatalité du mal ni certitude du salut. Il appartient aux créatures de choisir leur voie ; elles disposent des moyens de leur salut ; tous peuvent être appelés. C'est un nouveau christianisme qui naît avec le siècle des Lumières. Le phénomène traverse l'ensemble des confessions. Calvinistes, luthériens, catholiques : tous en sont changés, même si c'est à des degrés, selon des rythmes et par des chemins différents. Pour ne pas revêtir le tour d'une déchirure spectaculaire, cette transformation de la pensée religieuse dans ses premiers principes n'en est pas moins l'une des plus considérables de l'âge moderne.

Mais la manifestation de plus de conséquence de cette réhabilitation du domaine humain va être la libération d'un activisme tourné vers l'avenir. La levée de la réprobation dont il était frappé ne l'élève pas subitement à la hauteur du domaine divin. L'ici-bas ne devient pas l'égal des perfections et des félicités de l'au-delà, de telle sorte qu'il n'y aurait qu'à s'en satisfaire et en jouir. Inférieur, il demeure, mais d'une infériorité à laquelle il est possible de remédier, dans un mouvement correcteur qui n'atteindra jamais les proportions du suprême patron, mais qui en fera passer quelque chose dans ce travail indéfini et continu pour élever les choses humaines au-dessus d'elles-mêmes. Ce n'est pas que ce bas monde soit parfait, c'est qu'il est à perfectionner. Il n'est pas bon : il est à rendre meilleur. Un monde qui devient métaphysiquement complet par lui-même — entendons : un monde qui cesse d'être grevé en son centre par un manque sans recours — est un monde qui se présente comme pratiquement à compléter.

C'est dans ce tournant métaphysique que l'orientation historique a ses assises primordiales. La déhiérarchisation se traduit par un basculement vers le futur. Elle le désigne comme le temps de cette application de l'humanité à elle-même au travers de laquelle elle améliore son domaine et sa condition. Elle ne se contente pas de réhabiliter la nature humaine ; elle exalte la portée de son activité. Les œuvres de l'homme sont la plus forte attestation de sa dignité, puisqu'elles témoignent des progrès dont sa raison et son industrie le rendent capable. L'avancement des sciences ne fournit-il pas, à cet égard, le plus parlant des modèles ? L'élément temporel qui signait depuis toujours l'irrémédiable infériorité de la créature en face de l'éternité du Créateur devient à l'opposé le vecteur de l'excellence humaine, l'instrument de l'ascension de l'humanité en corps.

C'est ainsi que le cinquième et dernier trait de l'économie religieuse du lien de société, le principe de tradition (à côté des principes d'universalité, de médiation, de hiérarchie et d'incorporation), en vient à être subverti à son tour. Si profondes qu'elles avaient pu être, les transformations du politique et du droit ne l'avaient pas directement ébranlé, lui, tout en bouleversant ses principes associés. Elles s'étaient coulées dans son ordre ; elles étaient restées compatibles avec la domination du passé et l'intime conjonction avec lui. On l'a vu à propos de la tradition royale et de sa perpétuation. On peut en dire autant du droit naturel. Il modifie radicalement le contenu de l'attache au passé fondateur, mais il en conserve la forme. Il substitue, certes, l'institution rationnelle à la donation surnaturelle, mais il situe cette institution dans un temps d'origine destiné à commander le présent, conformément à l'ancien mode de pensée. La rationalisation de l'origine n'empêche pas la dépendance envers l'origine de se perpétuer comme structure. C'est du passé inaugural que continue de venir la norme ; c'est dans l'élément de l'antériorité qu'est réputé toujours se déterminer le façonnement de l'ordre régnant parmi les hommes. Il n'en va plus de même, en revanche, avec le tournant de la déhiérarchisation. En magnifiant les pouvoirs de l'activité humaine, il fait glisser l'interrogation sur l'ordre légitime vers le futur. Ce qui compte, c'est la direction dans laquelle aller, c'est le perfectionnement dont les institutions et les lois sont susceptibles, non leur bonne forme fixée une fois pour toutes à l'origine. Le façonnement du monde commun, s'il s'appuie sur l'héritage du passé, se joue au présent en direction de l'avenir. Si l'humanité se fait elle-même, ce n'est tant pas sur le mode de l'autoconstitution instantanée de l'homme artificiel, comme le voulait Hobbes, que sur le mode relatif et graduel d'un retour sur ses pas qui lui permet d'ajouter davantage d'efficacité et de raison à ses usages et à ses règles. Non seulement la donation du passé ne vaut pas norme, mais elle appelle par principe l'examen et la critique, afin de débusquer les superstitions et les préjugés dont elle est inévitablement chargée. L'autorité de la tradition est par excellence ce que l'autorité de la raison, forte de ses progrès, doit se proposer de combattre. Destitution de l'origine, promotion de la raison critique, foi dans la puissance de futur de l'art et de l'artifice humains ; c'est tout un. Ce sont autant de visages de la réorientation temporelle qui lance l'humanité à la poursuite de sa propre production, au XVIIIe siècle, soit ce qui mérite le nom d'histoire.

Ce dont il s'agit, pour l'heure, avant d'envisager les suites de ce renversement futuriste dans leur extension, c'est de saisir son impact sur la problématique du droit naturel. Il la touche par le biais de l'idée du pouvoir et de ses missions. Comment l'autorité en charge du bien commun pourrait-elle se désintéresser de cette œuvre éminemment collective qu'est l'amélioration du sort de tous ? Qui plus est, l'État de puissance est naturellement impliqué dans les développements de la science et de l'industrie susceptibles d'accroître ses moyens. Dans ses efforts constants pour soutenir la compétition avec ses rivaux, il est voué à se préoccuper des fruits de la raison. Aussi paraît-il désigné pour en faire bénéficier le plus grand nombre, au-delà de ses intérêts égoïstes. Il est sommé de se muer en État de progrès et de mettre ses capacités au service de la diffusion des Lumières et de la multiplication de leurs ressources. Rencontre capitale, qui a pour effet de relégitimer le principe de l'autorité absolue, dans un nouvel emploi, et d'en faire l'objet d'une demande infinie. L'étonnant abbé de Saint-Pierre, le premier prophète du progrès, l'exprime tôt dans le siècle : « Quand le pouvoir est uni à la raison, il ne saurait être trop grand et trop despotique pour l'utilité de la société[1]. » Cette foi dans la bienfaisance de la puissance sera en tout cas la voie française. Les Anglais, fidèles à leurs principes, attendront plutôt l'avancement du progrès de l'industrieuse liberté des individus et de la fécondité de leurs échanges. Toujours est-il que cette association du pouvoir et du progrès change l'idée du pouvoir par l'intérieur. Le travail politique en direction du progrès s'effectue au moyen de la réforme — l'équivalent dans l'ordre de l'action de la découverte dans l'ordre de la connaissance, dira Bentham en 1776[2]. L'instrument de la réforme, injection de raison dans le désordre établi, est la loi. On savait que l'autorité souveraine était législatrice, qu'elle se définissait par sa puissance irrésistible de commander par des lois. Mais cette volonté suprême prend un autre statut à partir du moment où il est posé qu'elle veut la raison à l'avantage de tous. Elle cesse en quelque façon d'être extérieure dans son principe à la communauté qu'elle commande ; ses assujettis sont susceptibles de se reconnaître en raison dans les règles qu'elle édicte et de les vouloir de leur propre

---

1. Abbé de Saint-Pierre, *Projet pour perfectionner le gouvernement des États. Ouvrages de Politique*, Rotterdam, 1733, t. III, pp. 203-204.
2. Jeremy Bentham, *Fragment sur le gouvernement* [1776], trad. fr., Paris, L.G.D.J., 1996, p. 87.

volonté. Ils peuvent s'identifier à la source des lois et se sentir en participer. La politique du progrès, en un mot, rend le principe de la souveraineté appropriable par la communauté qu'elle régit. Ajoutons encore qu'à ce stade le progrès pousse à la roue du droit naturel. Il est réalisation de la raison dans les affaires humaines. Il est forcément l'allié, par conséquent, du dessein d'une redéfinition du lien politique selon le droit. L'avenir que le progrès permet d'envisager conduit au juste pacte entre associés. Il y a bien un doute sur l'exécution, entre la concrétisation graduelle que suggère le mouvement du progrès et la rigueur de la reconstruction en raison qu'exige le droit, mais la cause commune enveloppe la contradiction.

Rousseau est justement l'auteur chez lequel cette collaboration tendue porte ses fruits. L'ensemble des virtualités inscrites dans la situation s'actualise sous sa plume, grâce au mariage de la logique du droit et de la perspective du progrès. Il noue l'appropriation collective de la souveraineté et la garantie par l'autorité de l'indépendance des consciences.

Rousseau est à la charnière de deux âges : il est à la fois le dernier penseur de la politique selon le contrat et le premier penseur de la politique selon l'histoire, s'il est permis de risquer un anachronisme qui se peut justifier. Ce télescopage, qui est aussi un écartèlement, explique les déroutantes obscurités de son propos. La tension entre une pensée selon le passé et une pensée selon l'avenir est au foyer de l'appréciation qui le singularise parmi ses contemporains. S'il est un des grands orchestrateurs de la percée publique de la notion de progrès, au cours des années 1750, c'est sur un mode négatif, comme il est bien connu, à l'opposé de la plupart des philosophes, ses amis-ennemis. S'il enregistre avec plus de profondeur que tout autre les conséquences de la temporalisation cumulative de la condition collective, c'est, simultanément, pour les déplorer. Loin de conduire l'homme vers davantage de liberté et de félicité, comme s'en flatte le nouveau sens commun, le progrès est le nom du malheur qui l'éloigne de l'autosuffisance dont il jouissait dans l'état de nature. Rousseau ne nie pas le fait du perfectionnement « des sciences et des arts », à l'instar des défenseurs de la tradition ; il s'en saisit pour lui faire dire le contraire de ce qu'en tirent ordinairement ses enthousiastes. Cette divergence est le ressort de son invention politique, une invention qui vaut révélation des possibles en suspension dans l'air du temps.

Non seulement Rousseau ne repousse pas la réalité du progrès, mais il en inscrit la capacité dans l'essence même de l'homme. La perfectibilité est ce qui le définit. L'homme « sort du néant par ses propres efforts ». Il est cet être dont l'originalité est de se constituer entièrement lui-même dans le temps à partir d'un rien originel. Le progrès ne se résume pas à des productions de l'esprit ou de l'art qui rendraient extérieurement l'existence plus facile à des hommes toujours identiques. Il change l'être même de ceux qui le mettent en œuvre et en bénéficient ; il altère leur constitution intime ; il les « dénature ». C'est ce sentiment de la transformation des termes de la condition humaine avec la marche des sociétés qui fonde à parler, au péril de l'anachronisme, d'une découverte de la dimension de l'historicité chez Rousseau. Le sens de l'artifice humain en sort radicalement modifié. Il réside primordialement, désormais, dans l'œuvre sédimentaire du devenir ; il a son siège dans la suite des révolutions qui ont creusé petit à petit un abîme entre l'homme de la nature et l'homme perfectionné.

Mais cette distance est précisément ce que Rousseau incrimine. Le perfectionnement s'est révélé une perdition. La découverte de l'histoire est la prise de conscience d'une chute de l'homme dans l'histoire. Car, au lieu de le mener vers l'émancipation par la raison, le progrès a précipité l'homme dans la dépendance. Il a multiplié ses chaînes. Il l'a assujetti au regard d'autrui et plongé dans une lutte sans fin avec ses pareils. Il l'a voué à la division intérieure et à la servitude extérieure.

C'est en regard de cette misère de l'être perfectible qu'il faut situer le recours à la solution du contrat. Elle se présente comme le suprême remède, une issue hautement improbable, mais vers laquelle il y a lieu de se tourner comme le seul salut imaginable. Il y a eu d'autres pactes par le passé, comme celui imposé par les riches afin d'asseoir leur domination sur les pauvres qu'évoque le *Discours sur l'origine et les fondements de l'inégalité*. La formule que préconise le *Contrat social* est conçue pour échapper aux leurres et surmonter les insuffisances des formules antérieurement proposées. Il s'agit d'aiguiser encore la réflexion qui est au principe de cet acte par lequel l'humanité se retourne sur elle-même et décide de son sort, afin de s'extirper des pièges où elle s'est jusqu'alors fourvoyée et de se porter véritablement à la hauteur de la tâche : délivrer l'homme de son asservissement historique, le dénaturer par l'art politique encore plus radicalement que n'a pu le faire la marche du progrès, afin de lui rendre, à l'intérieur de l'état social, la liberté de l'état de nature. C'est cette localisation implicite dans le temps qui différencie le contrat de Rousseau de celui de ses prédécesseurs. Il s'agit toujours, certes, d'une entreprise de fondation, mais d'une entreprise conduite à l'épreuve d'un parcours historique, et d'une fondation, qui plus est, où il n'y va pas simplement du passage de l'état de nature à l'état de société, mais du recouvrement de l'état de nature dans l'état de société. Les paradoxes fameux du *Contrat social* prennent sens en fonction de ce dessein. Ils se ramènent à l'engendrement d'une individualisation radicale par le moyen d'une socialisation intégrale. « L'aliénation totale de chaque associé avec tous ses droits à toute la communauté » fait surgir un être collectif au sein duquel les associés vont se trouver déliés les uns des autres par la perfection même de leur union. Ils se découvrent « plus libres dans le pacte social que dans l'état de nature », comme l'écrit Rousseau au livre V de l'*Émile*, en tant qu'ils participent d'une souveraineté exercée en commun, d'une pleine puissance de la personne politique sur elle-même.

Ce qui rend le cas fascinant, c'est le contraste entre la singularité des voies par lesquelles Rousseau parvient à cette réinterprétation du schème contractualiste et l'universalité des résultats qu'il en tire, universalité qui ne se comprend que par la correspondance de ces résultats avec les latences du moment historique où il s'inscrit. Il a fallu le détour d'un franc-tireur pour amener à l'explicite ce que le travail de la structure absolutiste et les apports de la conjoncture induisaient comme pensable. Ni un adepte banal de la philosophie du progrès, ni un tenant du jusnaturalisme classique n'avait la moindre chance d'y parvenir. Sa marginalité désespérée est ce qui permet à Rousseau d'accoucher son temps de potentialités qu'il véhiculait en matière de redéfinition du lien politique. C'est à ce titre que son livre a porté, en dépit des ellipses, des assertions énigmatiques et des paradoxes qui le rendaient difficilement intelligible.

Le *Contrat social* lance dans la circulation deux figures corrélatives appelées à devenir les deux foyers de l'univers de l'autonomie : la figure du sujet de droit individuel et la figure du sujet politique collectif. Sujet de droit, parce que mérite proprement ce nom l'être dont les droits sont à ce point attachés à sa personne qu'ils l'accompagnent irréductiblement sans qu'il puisse en disposer. Ce n'est pas simplement que les hommes naissent dans l'état de nature avec des droits dont l'établissement de l'état civil va les conduire à négocier l'abandon en tout ou partie ; c'est qu'ils ne peuvent qu'intégralement conserver l'égale liberté dont ils jouissent à l'origine, puisqu'elle se confond avec leur être même. Ils se définissent par les droits inaliénables et actuels dont ils sont titulaires — principe que l'expression de « droits de l'homme » va populairement traduire à compter des années 1770. Ce sacre de l'individu de droit prend tout son relief en fonction de la promotion connexe du sujet politique. On est fondé à désigner ainsi, en effet, l'entité collective qui naît de la conjonction de ces libertés inaliénables et qui assure en retour leur parfaite intégrité, grâce à leur parfaite union dans une personne morale jouissant de la pleine possession d'elle-même. Sans doute « l'unité réelle de tous en une seule et même personne » définie par Hobbes préfigurait-elle largement les traits d'une telle entité. En même temps, toutefois, son incarnation dans la personne du souverain et l'assujettissement des membres du corps politique à la tête souveraine empêchaient de la dégager complètement. C'est la dissociation de la souveraineté d'avec un quelconque personnificateur qui achève de métamorphoser le corps politique en sujet chez Rousseau. La souveraineté est celle de tous les individus pris à égalité, sans qu'aucun d'entre eux entretienne le moindre rapport privilégié avec elle, de sorte que leur réunion forme un être qui existe par lui-même, en dehors d'eux, même si cette existence est idéale ou « abstraite », comme dit Rousseau, et qui a pouvoir sur lui-même. L'expression de « souveraineté du peuple » se chargera de diffuser l'appel magique de cette transfiguration du collectif. Il ne faudra guère que deux décennies après le *Contrat social* pour que ce second principe qu'il intronise acquière la force d'une évidence communément partagée, très au-delà du cercle étroit de ses lecteurs. Autre chose sera, ensuite, le problème de la concrétisation de cette puissance souveraine dont le détenteur est invisible, qui n'appartient à personne, mais qui n'en produit pas moins des effets ô combien tangibles.

Du strict point de vue de la définition des principes, la révolution moderne de la légitimité trouve ici son aboutissement. On n'y ajoutera plus. Cela ne veut pas dire que l'entente de leurs conséquences ne continuera pas de s'approfondir — on pourra vérifier dans quelles proportions —, mais leur teneur intrinsèque est fixée. Il n'y a, au départ, en droit, que des individus, avait posé Hobbes. Il n'y a toujours, à l'arrivée, que des individus, ajoute Rousseau. D'où il résulte qu'il existe bien un suprême pouvoir de se donner ses lois parmi ces individus réunis en société politique, comme le voulait Hobbes ; sauf que tous les individus comptent au sein de la puissance actuelle de ce souverain. La souveraineté, en d'autres termes, n'admet, dans son exercice, que le peuple pour titulaire. Ces deux axiomes circonscrivent l'espace du pensable, en matière de légitimité, à l'intérieur duquel va se déployer la politique de l'autonomie.

On pourrait s'arrêter là, en théorie, en laissant de côté, comme contingentes, les modalités selon lesquelles la cristallisation de ces principes s'effectue chez Rousseau. Ils parlent indépendamment des circonstances qui ont présidé à leur énonciation. N'est-ce pas ce qui compte ? Ce serait se priver de la moitié de l'histoire et de précieuses lumières sur les voies que l'inscription de ces principes dans le réel va revêtir. Il y a un autre versant à considérer, celui des limites dans lesquelles cette percée de l'autonomie reste enfermée. Elle demeure secrètement, mais essentiellement, tributaire de l'hétéronomie qu'elle renverse. Ces limites sont le ressort caché des difficultés redoutables que rencontrera la politique de l'autonomie en pratique. Rousseau reconduit implicitement l'économie religieuse de l'Un dont il achève de subvertir les articulations explicites. Il dissout la dépendance envers un pouvoir extérieur en absorbant la souveraineté dans le peuple ; mais sa conception de l'entité souveraine n'en continue pas moins de postuler l'Un du peuple et du pouvoir. S'il proscrit la personnification de la souveraineté à la Hobbes, c'est en présupposant une incorporation de type hobbesien. Ces limites ne lui sont pas personnelles ; elles sont structurelles. Elles renvoient à la situation qui commande son entreprise. Elles relèvent de l'organisation du pensable attachée à la crise de l'absolutisme. On les retrouvera telles lorsque les contradictions intimes de l'État royal éclateront au grand jour. Elles expliquent les dilemmes que soulèvera l'exercice effectif de cette souveraineté du peuple tant magnifiée. Les termes dans lesquels elle est comprise la rendent impraticable. Il faudra beaucoup de temps, bien après la Révolution française, pour se dégager des pièges de cette version inaugurale de la souveraineté démocratique. C'est pourquoi il faut prêter la plus grande attention aux conditions dans

La fondation en droit et l'invention de l'individu 139

lesquelles s'effectue la prime formulation des principes de la politique de l'autonomie chez Rousseau. Elles ne font pas qu'introduire à l'intelligence des obstacles dirimants que la révolution des droits de l'homme allait trouver sur sa route. Elles éclairent par contraste les chemins qui allaient être ceux de la démocratie. Le sujet politique, tel que Rousseau le dessine, est une créature fantasmagorique. Il n'en finira pas moins par se concrétiser, selon des voies aux antipodes de celles que Rousseau jugeait indispensables. Il faut saisir ensemble ce que sa construction comportait de chimérique et ce qu'elle avait de prophétique.

Rousseau, on l'a dit, est mû par un dessein thérapeutique. Il est à la recherche du moyen de restituer aux individus l'indépendance que le progrès leur a fait perdre, moyen qui ne peut plus se trouver, maintenant que l'état de nature est oublié sans retour, que dans l'agencement de leur coexistence. Seule la souveraineté absolue exercée en commun est en mesure de fournir ce remède héroïque. Elle constitue l'unique cadre, si étrange que cela paraisse, où quelque chose de l'autarcie primitive est susceptible d'être recouvré, au comble de l'artifice. Au sein d'un tel souverain, en effet, l'homme cesse d'être commandé par l'homme et de dépendre de ses pareils ; il n'obéit plus qu'aux lois, c'est-à-dire à lui-même. Il n'est plus assujetti qu'à sa propre volonté — entendons, non pas à sa volonté particulière, mais à la volonté relative aux choses communes qu'il a mise en commun avec ses pareils pour former la volonté générale législatrice. Dès lors, tous sont déliés les uns des autres et protégés les uns des autres par cela même qui les solidarise intimement.

Tel est l'objectif spécifique qui tourne Rousseau vers l'exploitation des potentialités développées par l'État de progrès. Car, en produisant cette figure émancipatoire de la volonté générale souveraine, il ne fait qu'expliciter la conjonction entre le commandement et l'obéissance rendue concevable par la réorientation réformatrice et rationalisatrice du pouvoir (dans sa littéralité, comme on sait, la notion résulte du transfert en politique de la « volonté générale » prêtée par Malebranche à son Dieu d'ordre). D'un côté, l'État de progrès réactive et relégitime la demande d'une autorité absolue. De l'autre côté, il ouvre la possibilité d'une identification au principe de son action. La loi réformatrice, qui fait entrer la raison dans les affaires humaines, est, de par sa rationalité, une loi en laquelle la raison de chacun peut se reconnaître ; elle exprime une volonté que chaque volonté peut vouloir. En outre, par le même motif, elle se définit de viser l'avantage de tous au moyen de règles qui s'appliquent uniformément à l'ensemble. Elle dessine ainsi la figure virtuelle d'une participation de tous à la définition de règles valables pour le tout. En bref, le mieux-être de la communauté exige le plus grand pouvoir possible, et la nature des actes de ce pouvoir est telle qu'elle requiert l'incorporation de tous. Voilà comment surgit l'idée d'un tout souverain se manifestant par des volontés générales, doublement générales, puisqu'elles incluent toutes les volontés et qu'elles visent exclusivement l'intérêt de tous.

Certes, c'est de la souveraineté législatrice et d'elle seule qu'il s'agit, non de la totalité du pouvoir. La distinction s'impose ici du souverain qui fait les lois et du gouvernement qui se charge de leurs applications particulières. Elle donne à la démarche de Rousseau son caractère apparemment modéré, ou elle cache sa portée subversive. La souveraineté du peuple est compatible avec le gouvernement monarchique. C'est le régime démocratique, où le peuple souverain est en même temps gouvernant, qui est l'exception improbable. C'est par les fondements que s'introduit la légitimité démocratique dans son sens moderne — le compte des individus à égalité et, par conséquent, en totalité — et nullement par la remise en question frontale des institutions héritées. C'est par la redéfinition des bases de la souveraineté qu'elle passe. Ce n'est pas par prudence ou par hypocrisie que l'entreprise évite de s'en prendre à l'appareil royal. C'est parce qu'elle le présuppose ; c'est parce qu'elle prend appui sur lui. Il est de la nature de cette déconstitution de la royauté par l'intérieur de s'avancer masquée, de se voiler à ses propres acteurs. Elle l'est probablement pour Rousseau, quoi qu'il puisse en être par ailleurs de ses sentiments républicains de citoyen de Genève. Elle le sera à coup sûr pour les citoyens de la monarchie française qui entreront dans la Révolution sans l'avoir vue venir.

Car c'est bien, en même temps, à un déracinement du principe de la royauté que conduit cette redéfinition de la souveraineté. Elle laisse subsister en dehors d'elle, certes, un organe d'exécution dont rien n'interdit qu'il soit monarchique. Mais un tel applicateur d'une volonté générale dont l'âme lui échappe n'a plus rien à voir avec un roi dans la plénitude ancienne de la notion, bien qu'il en conserve extérieurement l'étiquette. Il est même le contraire de ce qui se signifiait dans l'incarnation royale. Il fonctionne à l'opposé de la personnification de la dépendance des vivants-visibles envers la source invisible de l'ordre qui les tient ensemble. La souveraineté, elle, en tant qu'elle n'existe qu'à l'échelle du tout, est anonyme par essence. C'est un point que la visée de Rousseau le pousse à marquer de la façon la plus tranchée, contre Hobbes qui voulait faire entrer la souveraineté issue des individus dans la personnification royale. Le souverain n'a qu'une « existence abstraite et collective ». L'idée de souveraineté exclut l'idée de sa concentration dans un individu. Cette dépersonnalisation est la condition pour que chacun compte à égalité au sein du souverain, sans interférence avec les autres. Mais quoi qu'il en soit des motivations particulières de Rousseau, il faut bien voir que c'est l'acte de décès de la royauté qu'il prononce en opérant cette dissociation de la souveraineté et des gouvernants qui semblaient jusqu'alors indispensables pour lui prêter corps. Il détruit à la racine ce qui justifiait l'identification de l'ordre collectif dans un être de chair et de sang.

Reste à comprendre ce qui dissimule la radicalité de cet acte à ceux qui l'accomplissent, du fait des conditions qui leur permettent de l'accomplir. Il faut l'attribuer aux effets paradoxaux de la perspective du progrès sur le couple de l'État et du Roi. Si elle contribue à le disjoindre par un côté, elle contribue à renforcer son union par l'autre côté. C'est l'État, dans le couple, qu'interpellent les réquisitions du progrès. C'est lui qu'elles mettent en mouvement, au titre de la raison publique. On a vu comment elles généralisent et impersonnifient son action, au point de rendre concevable l'appropriation par tous, dans le principe, de la définition des lois. Sous l'impact du progrès, l'État s'épanouit dans son essence propre, se dépouille de la souveraineté sous le signe de laquelle il s'était initialement affirmé et désigne son véritable titulaire : le peuple souverain. Il tend par la même dynamique à se séparer de l'incarnateur royal. Il est impersonnel par nature, en tant qu'organe d'une souveraineté qui ne lui appartient pas, en tant qu'instrument de la personne collective. Mais ce n'est là qu'un versant de l'affaire. Par l'autre côté, le progrès requiert la plus grande, la plus haute, la plus forte des autorités pour le faire pénétrer. L'inscription de la raison dans les choses demande une volonté inflexible pour l'imposer contre l'inertie de la tradition et la résistance des préjugés. Qu'est-ce qui mieux qu'un roi peut garantir l'unité, la constance et l'irrésistibilité de cette volonté indispensable à l'efficacité de l'action publique ? C'est ainsi que l'incarnation royale se trouve mobilisée au service de l'abstraction étatique qui tend à la dissoudre du dedans. Il faut le Roi pour avoir l'État. La tradition monarchique ne se prête-t-elle pas, d'ailleurs, à une réinterprétation qui l'adapte aisément à ce nouveau rôle ? Le progrès n'est jamais qu'un autre nom, plus précis, pour le bien commun. La vieille image de l'union mystique du royaume et du roi ne prend-elle pas toute sa signification avec cet emploi concret du roi au service de la chose publique ? La puissance du monarque est ce qui permet à l'impersonnalité de l'État de se déployer effectivement. C'est cet enrôlement qui a caché l'ébranlement de l'institution royale à la base. La dissociation principielle s'est accomplie dans l'ombre du mélange pratique. La souveraineté de la nation, version de la souveraineté du peuple adoucie par la référence à la continuité de la tradition, s'est installée dans les têtes sous le couvert d'un patriotisme monarchique qui en masquait les implications. La politique du progrès, en d'autres termes, a simultanément exacerbé et occulté la contradiction constitutive de l'absolutisme. Elle a préparé son explosion en la rendant invisible.

Les effets pour la théorie sont immenses. Cet accouplement dans la division commande la pensée de la souveraineté du peuple — l'épanouissement de la philosophie de la souveraineté comme souveraineté du peuple. Elle est dominée par la figure héritée de l'union du pouvoir et du corps politique dont le roi constituait le garant tangible. Elle se loge dans cette incorporation mutuelle de la tête qui commande et du corps qui obéit. Elle en propose une nouvelle version, bouleversante, il est vrai, par ses conséquences, puisque l'union qui naissait de l'assujettissement à l'autre devient proximité à soi-même et puissance de soi sur soi. Reste que cet accès à l'autonomie souveraine s'étaye sur une conjonction entre l'instance de pouvoir et l'ensemble de ses assujettis qui vient de l'univers de l'hétéronomie, même si la métamorphose de la conjonction en coappartenance voile cette provenance. La captation s'effectue d'autant plus aisément qu'elle est congruente avec la logique fondationnelle du droit. Dès lors que l'on pense la genèse de la communauté politique et du pouvoir à partir d'un contrat entre les individus, il est difficile de concevoir le rapport entre le pouvoir et la communauté des individus autrement que sous le signe d'une essentielle unité, comment que l'on se représente ensuite celle-ci. Le schème contractualiste pousse intrinsèquement à l'identification des termes. Dans le cas de Rousseau, qui plus est, cette résorption de la souveraineté au sein du corps collectif répond exactement à ce dont il a besoin pour inscrire la séparation des personnes dans l'intime cohésion du tout. C'est ainsi qu'émerge le sujet politique, secrètement soutenu par le corps du roi, rejeton adultérin de l'Un cultivé dans la matrice royale. La désidentification de la souveraineté, son abstraction de tout incarnateur, fait surgir un être d'un genre très spécial, mais en lequel il nous faut reconnaître l'advenue du collectif à la subjectivité. En son invisibilité, le souverain-peuple possède l'unité — il est indivisible —, l'identité à lui-même — il ne peut se dépouiller de ses prérogatives, qui sont inaliénables —, la proximité avec lui-même — il ne peut déléguer l'exercice de ses facultés, la souveraineté ne peut se représenter. Toutes propriétés qui lui procurent la puissance caractéristique d'un sujet, celle de se commander lui-même, mais pas n'importe comment, par la volonté générale, c'est-à-dire selon la raison et à conformité avec ses fondements. Ce qui justement l'élève en propre à la forme subjective, en le différenciant des motivations erratiques et des choix aveugles de la personne empirique. Dernier trait, non le moindre, cette transfiguration du collectif est ce qui élève simultanément les membres du corps politique à l'individualité véritable, dans une participation au tout qui les libère les uns des autres.

On aurait tort d'assimiler cet être de raison à une pure fantasmagorie de papier. Sans doute les conditions dans lesquelles il advient à la pensée en font-elles une créature aussi improbable que grandiose. L'épreuve de réalité de la Révolution se chargera d'administrer la preuve qu'il y a loin de l'érection du peuple en souverain à l'exercice effectif de la souveraineté par le peuple. Elle fera cruellement ressortir les hiatus entre cette absorption théorique du principe du pouvoir dans le tout et les nécessités pratiques du libre gouvernement. Il n'empêche qu'une fois introduite dans le monde cette figure du sujet politique ne le quittera plus. Elle restera un pôle d'attraction de l'univers démocratique. Elle hantera la liberté des individus comme le double insaisissable et obsédant en lequel elle est appelée à se prolonger. Sa concrétisation empruntera des voies rigoureusement opposées à celles que suit Rousseau pour la définir. Elle passera non par l'unité du corps politique avec lui-même, mais par sa division, non par l'identité, mais par la différence et la relation entre des termes disjoints, non par la proximité, mais par la distance et la représentation. La réquisition subjective n'en persistera pas moins au milieu de cette inversion des moyens. Elle sera l'axe organisateur du devenir autonome des sociétés. Une chose est l'habillage qu'en propose Rousseau, de par la situation où la perspective s'ouvre à lui ; autre chose est la nécessité intime qui préside à cette métamorphose de la figure de collectif dont il est le premier à capter le sens. Sa vision du souverain le rattache au passé ; son intuition sous-jacente du soi social le projette dans l'avenir. Il n'y va pas, dans l'autonomie, que de la capacité abstraite de se donner ses propres lois ; il y va de la constitution concrète du sujet capable, de la sorte, de se déterminer lui-même. Il y va, en d'autres termes, du déploiement d'une forme et d'un mode de fonctionnement de l'être-ensemble qui l'élèvent à la puissance subjective. Ce sera le cœur de l'histoire profonde des démocraties que la recherche de ces articulations du corps politique susceptibles de lui procurer une manière d'existence pour lui-même et d'assurer, par là, son gouvernement de lui-même. Jamais la démocratie ne se réduira à la simple prise en compte de tous, jusques et y compris sous l'aspect de la participation de tous. Elle sera toujours travaillée, en outre, par l'exigence distincte d'un pouvoir sur le tout en tant que tout. Ce sera son irréductible ambiguïté, symétrique de celle dont on a détecté l'amorce chez Locke et qui traversera l'aspiration libérale dans son sillage.

L'ambition démocratique sera partagée entre deux idées, l'idée que tous pèsent à égalité dans le gouvernement de la communauté, et l'idée que tous composent, de par cette égalité, une unité qui requiert de se gouverner en tant que telle. Elle oscillera entre l'universalité numérique des individus et la subjectivité du collectif.

Chapitre V

LA RÉVOLUTION FRANÇAISE OU LE CHOC DU POLITIQUE ET DU DROIT

1789 éclate au point culminant de l'alliance du progrès et du droit. Un âge de Lumières demande d'en finir avec le chaos des abus et de fonder en raison l'organisation politique du royaume. En dépit de l'ampleur du dessein, nul ne voit la rupture arriver. C'est que la coopération mystique du royaume et du roi marche à plein. Non seulement personne ne songe à s'en prendre de front à l'autorité du monarque, mais tous entendent au contraire la conforter en lui rendant sa véritable destination. Il s'agit d'en établir les justes bases et les exactes limites. Une fois qu'elle aura été mise au service des droits de la nation, sa force ne pourra être que salutaire. J'ai expliqué ailleurs ce qui rend la situation « rousseauiste »[1]. Entre ce besoin de maîtriser l'autorité royale, sans la briser, et la nécessité de constituer la souveraineté nationale, l'Assemblée nationale constituante retrouve, sans avoir besoin d'y penser, la

---

1. Cf. *La Révolution des droits de l'homme*, Paris, Gallimard, 1989.

démarche tant explicite qu'implicite du *Contrat social*. C'est par le biais du droit, c'est par la voie des fondements que va s'insinuer la subversion radicale de l'édifice monarchique.

L'appel aux droits de l'homme libère la contradiction intime de l'absolutisme. Il la libère à l'insu des acteurs qui procèdent à ce recours, parce que la dissociation de la puissance publique et de l'incarnateur royal s'opère, encore une fois, sous le masque de leur essentielle union. Et il la libère d'une façon qui va la rendre incontrôlable. Il instaure une souveraineté qui va se révéler impraticable. Ce qui fait advenir l'État dans la plénitude de sa notion le rend simultanément impensable dans son effectivité. La révolution au nom du droit se transforme en épreuve des limites de la pensée du politique selon le droit.

Il s'agit de comprendre, d'un côté, pourquoi les circonstances — et non l'aveuglement programmé des acteurs — font jouer la démarche de fondation dans son extension la plus radicale et ce qui, de l'autre côté, échappe à l'entreprise, mettant ainsi en lumière les bornes constitutives du contractualisme. Le dévoilement de ce hiatus est proprement ce qui confère à la Révolution française sa portée d'événement philosophique, en sus de sa signification politique. Elle clôt une époque de la pensée en en montrant l'impasse, tout en en consacrant par ailleurs les acquis — formidable équivoque avec laquelle la postérité aura à se dépêtrer dans la douleur.

La voie fondationnelle est la seule qui s'ouvre devant une Assemblée à la légalité précaire, qui entend donner une constitution à la France sans avoir été mandatée pour ce faire. Il n'y a que dans le droit primordial des membres de la nation qu'elle peut trouver la source de légitimité dont elle a besoin. Seuls ces premiers principes avoués de tous sont en mesure de fournir un instrument assez puissant pour imposer la ressaisie pacifique, au profit de la nation, de la souveraineté indûment déposée entre les mains du roi, tout en laissant sa juste place à l'autorité exécutive dont il demeure le légitime détenteur. Il s'agit de faire parler la liberté et l'égalité des individus, afin de tracer sous leur dictée, en quelque sorte, l'organisation institutionnelle qu'ils exigent comme leur conséquence. On obtiendra de la sorte la constitution la plus incontestable qui soit, de par son entière conformité à la raison et au droit. Telle est la situation qui détermine le recours au schème contractuel. Elle implique d'en donner une version maximaliste, dans la forme et dans le fond. Pour remettre à sa place l'autorité d'un roi, il ne faut pas moins que s'emparer du principe de tous les pouvoirs. Il ne suffit pas de faire valoir des droits en regard d'un pouvoir qui leur resterait extérieur. Il est nécessaire de produire le pouvoir à partir de ces droits, afin, ensuite, d'en distribuer les fonctions, conformément à son essence. Il faut, en un mot, tout reprendre à zéro. De même est-il indispensable, pour balancer la légitimité traditionnelle qui demeure attachée à la figure royale, de conférer la plus grande extension possible aux prérogatives de l'entité souveraine et, par conséquent, de donner aux libertés personnelles où elles s'enracinent leur compréhension la plus large. C'est ainsi que les constituants retrouvent, par d'autres chemins, la logique rousseauiste de l'absolutisation de la souveraineté collective, seule à même de convenablement traduire les inaliénables prérogatives d'origine des membres du corps politique. Lui veut se servir de la souveraineté pour émanciper les individus. Eux utilisent les droits individuels pour émanciper la nation. Les visées convergent, si les points de départ sont différents.

Mais au-delà de toute doctrine, c'est la démarche contractualiste dans son esprit le plus profond que les constituants sont amenés à mettre à l'épreuve. Ils en referment l'époque ; en la faisant entrer dans les faits, ils en détruisent les bases. La démarche contractualiste combine deux composantes qui renvoient à la dualité interne de l'État royal dans l'ombre duquel elle se développe. Elle croise une thèse individualiste — il n'y a, au départ, en droit, que des individus — avec une présupposition moniste, quant à la forme du corps politique dont elle entend retracer la genèse — pouvoir et corps ne font qu'un. La décomposition individualiste résulte de la projection de l'État ; la recomposition moniste découle du maintien de l'incorporation monarchique, elle correspond à l'empreinte de l'Un religieux véhiculée par la figure royale. Cette combinaison est ce qui autorise l'ambition du contractualisme : faire sortir le politique du droit, engendrer le pouvoir à partir des libertés individuelles. Semblable dérivation n'est possible que dans la mesure où les libertés sont supposées se fondre dans l'unité du pouvoir, comment que l'on conçoive le résultat de l'opération. C'est précisément cette ambition que la concrétisation révolutionnaire de la démarche va mettre en question. Elle fait éclater la conjonction de l'intérieur. Là où Rousseau voyait une compatibilité possible entre la maximisation des libertés individuelles et la maximisation de la souveraineté du corps sous le signe de l'essentielle identité à lui-même de l'être collectif de la sorte instauré, l'expérience fait apparaître un hiatus immaîtrisable.

En réalité, la constitution de la nation en souverain entraîne la déconstitution de la royauté. La conjugaison harmonique prédite par la théorie entre le souverain national et le gouvernement monarchique en charge d'appliquer les lois issues de la volonté générale s'avère vite des plus problématiques. Il n'y va pas seulement d'une banale querelle de préséances. Il y va de l'idée de l'autorité publique compatible avec cette figure de l'association des volontés des citoyens en une seule volonté. Celle-ci s'accommode mal, en pratique, d'un quelconque incarnateur, même réduit à l'exécution. L'image de la puissance collective qu'impose l'entrée en scène des droits de l'homme dans la plénitude de leur portée fondatrice est exclusive, en vérité, de toute personnification. C'est l'idée de l'État que la logique des droits fait surgir ainsi, en la libérant de son enfermement dans le corps du roi, en la donnant à concevoir dans l'anonymat et l'abstraction qui la rendent congruente avec l'exigence d'une confluence au présent de l'ensemble des volontés. Le problème est que cet avènement de l'État dans son principe à partir de la consécration du droit des individus s'effectue dans des conditions qui le rendent simultanément impensable dans son institution.

Il s'opère de bout en bout, en effet, dans le cadre et sous la contrainte intellectuelle et symbolique de l'incorporation monarchique dont il dissout le principe. Il s'accomplit, et il ne peut s'accomplir que sous le signe de la plus étroite union contractuelle du pouvoir de la nation et du corps des citoyens. Non seulement la situation demande de produire la figure du souverain national aux yeux de tous, mais elle requiert d'affirmer l'identité substantielle de ce souverain invisible avec l'Assemblée qui parle en son nom, et d'autant plus pousse-t-elle à approfondir cette communication mystique qu'il y a concurrence des figures de la souveraineté, que le nouveau souverain collectif est dans l'obligation de s'imposer face à l'ancien souverain d'incarnation. Il s'agit d'ôter son indépendance au pouvoir royal en resserrant le lien de droit qui doit unir les actes du gouvernement et les expressions de la volonté nationale. Ces multiples contraintes déterminent un contractualisme hyperbolique, portant à ses dernières conséquences l'exigence de conjonction entre le pouvoir et la communauté politique, à la mesure de l'essentielle proximité de cette communauté souveraine avec elle-même. La déconstitution de la royauté s'effectue moyennant la captation et la radicalisation de l'Un royal au profit de la nation. Il en devient impossible de concevoir quelque chose comme une institutionnalisation distincte de la puissance publique, de l'intérieur de cette coappartenance obligée de la nation en corps et de l'autorité au travers de laquelle elle agit. Elle ne saurait admettre une instance détachée d'elle.

C'est autour de ce point aveugle que va tourner l'errance du processus révolutionnaire durant dix ans. Elle prend d'abord l'allure d'une radicalisation progressive appelée par la rivalité des deux souverains et le transfert de légitimité qui s'opère entre eux. La puissance royale a beau n'être bientôt plus qu'une ombre, cette ombre est encore de trop. L'extension de la souveraineté dont l'Assemblée nationale est l'organe exclut dans les faits un gouvernement dont le ressort lui échappe ; elle tend à absorber l'entièreté des fonctions politiques en son sein. L'unité de la nation en corps et en acte avec elle-même empruntée par l'Assemblée au roi finit fatalement par se retourner contre celui-ci ; elle devient régicide. Pis, par la même pente fatale, elle en arrive, en ce paroxysme, à se retourner contre les membres du corps politique. Elle devient terroriste en se prêtant à l'usurpation. Cette identité transcendante, mais vide et muette, ouvre la porte aux entreprises de ceux qui prétendent parler au nom du processus révolutionnaire lui-même, au nom du mouvement par lequel le pouvoir du peuple s'établit. En face de cette unanimité en marche, ceux qui manifestent une dissidence individuelle ou se désolidarisent de la voix présumée de l'ensemble se désignent comme des traîtres à la cause commune ou des ennemis de la nation. Où il se découvre que, les citoyens une fois incorporés dans l'unité indivisible du souverain, plus rien ne les protège contre les menées de la puissance qui agit au nom du souverain. Le paroxysme terroriste de 1793-1794 une fois consumé de l'intérieur, il y aura encore cinq ans d'une agonie éminemment démonstrative. Les efforts pour corriger la trajectoire seront pour rien. Le régime du Directoire sera l'illustration de l'impossible stabilisation des acquis révolutionnaires. Il ne parviendra à trouver les voies ni d'un fonctionnement politique régulier ni d'une adéquation légitimante du pouvoir au vœu des citoyens.

Il faudra le retour d'un incarnateur de la nation distinct d'elle, en la personne de Bonaparte, pour s'extirper du cauchemar. Seule la différence expressément marquée du pouvoir est à même de lui procurer une assise que l'identité du peuple avec lui-même est impuissante à lui donner. Non que Bonaparte soit quelque chose comme un roi ; il est en profondeur le contraire. C'est le vœu de la nation qu'il incarne, non ce qui la tient du dehors et de plus haut qu'elle-même ; c'est l'extériorité de l'État qu'il matérialise, non l'unité du corps politique avec lui-même en la personne du souverain. Si la forme est monarchique, la substance est démocratique. Il sera balayé de la scène à son tour pour l'avoir oublié. Reste qu'il est hautement significatif qu'il ait fallu passer par la résurgence de l'identification du pouvoir dans un être pour asseoir l'irréversible conquête principielle de la rupture révolutionnaire, c'est-à-dire la souveraineté en nom collectif.

C'est que l'exercice de celle-ci suppose un instrument, c'est que son effectivité est suspendue à l'existence d'un appareil institutionnel qui convertit ses expressions intellectuelles en action de la collectivité sur elle-même. Or la démarche fondationnelle ne permet pas de véritablement donner un statut à cette instance par laquelle passe la puissance de se gouverner. De l'intérieur de l'identité à lui-même du souverain né de la mise en commun des droits individuels, il n'y a pas de place pour la différenciation fonctionnelle d'un appareil de gouvernement, même si son principe est formellement reconnu — il est à ce point assujetti au souverain et à l'assemblée qui le représente, dans les faits, qu'il est en permanence menacé de s'y engloutir. Il n'est pas possible, dès lors, d'aménager de manière lisible la relation entre l'instance de pouvoir et la communauté des citoyens, en resserrant la désignation des gouvernants et l'action des pouvoirs dans des règles comprises de tous. L'engendrement théorique du politique par le droit des individus crée un pouvoir sans limites du corps collectif sur lui-même, dans l'abstrait, mais il ne fournit pas les moyens d'en déterminer et d'en maîtriser l'emploi. Dans les faits, le corps politique supposément rentré en possession de lui-même s'échappe à lui-même ; il ne commande pas le pouvoir censé émaner de lui ; il le subit, soit qu'il se soustraie à son contrôle par une usurpation violente, soit qu'il se perde dans l'impotence et la confusion. C'est en regard de ce renversement paradoxal qu'il faut comprendre le paradoxe symétrique et inverse de l'issue du 18 Brumaire. La soumission à une autorité indiscutée apparaît comme la solution aux apories de la liberté. La dépossession dictatoriale restitue au pays le sentiment d'une prise sur son destin. C'est qu'au moins, cette fois, on sait qui gouverne et au nom de quoi. En consacrant la séparation de l'État, Bonaparte rend aux citoyens l'impression de disposer des moyens de se gouverner, même s'il leur en ôte l'usage. La possession de soi n'a de chance d'être effective que si elle se fonde sur la réalité du politique, une réalité que le détour par le droit ne permet pas de rejoindre. Voilà comment l'appesantissement de la domination a pu, un instant, faire figure de libération.

La révolution du droit s'achève, ainsi, sur le procès du droit. La condamnation paraît sans appel. L'épreuve des faits vaut invite pressante à se délivrer des chimères livresques. La restauration de l'autorité de l'État semble renvoyer à tout jamais dans les ténèbres extérieures le bavardage des fabricants de constitutions. La page est tournée. Les prétentions du contractualisme sortent anéanties du divorce qui n'a cessé de s'approfondir entre les constructions de la pensée et la nécessité des choses.

Le diagnostic, en son évidence impérieuse de la fin 1799, se révélera pourtant aussi trompeur, à terme, que la foi naïve dans la force des principes de l'été 1789. Le réalisme politique des maîtres de Brumaire, se découvrira-t-il peu à peu, n'est pas moins illusoire, en dernier ressort, que l'idéalisme juridique des débuts. Il dissimule, vers l'amont, ce que le nouvel État doit aux principes que ses conducteurs affectent de mépriser, alors qu'il ne se serait pas dégagé sans eux. Il masque, vers l'aval, la connivence qui l'unit aux individus de droit dont les mêmes entendent refouler les prétentions. La vérité est que l'État dont ils se sont emparés n'admet pas d'autres partenaires, par structure, ainsi qu'ils travailleront, comme malgré eux, à le faire reconnaître. L'individu étouffé dans la sphère publique est intronisé dans la sphère privée comme pivot de toute relation de droit par le Code civil de 1804. Mais très rares sont ceux qui, dans l'enthousiasme pour l'autorité et la dévotion envers la servitude des années 1800, discernent le travail de décantation et de tri en train de s'opérer. Il y en a eu bien peu pour saisir que ce n'était pas tant l'idée des droits en elle-même qui était en cause que la version qui s'en était imposée et les conditions dans lesquelles elle avait été appliquée.

Une autre expérience, au même moment, aurait pu, cependant, alerter les esprits. Tandis que les constituants s'engagent sans retour dans l'immaîtrisable politique des principes, de l'autre côté de l'Atlantique les Américains parachèvent, entre 1789 et 1791, une autre révolution des droits de l'homme qui sera, celle-là, une réussite. C'est qu'ils n'avaient pas, eux, à s'approprier une souveraineté absolue déjà là ; ils n'avaient pas à se rendre maîtres d'un appareil de pouvoir puissamment installé. Aussi ont-ils pu développer une philosophie de la fondation plus modeste et plus praticable, faisant s'élever les pouvoirs, d'échelon en échelon, sur la base de droits individuels assurés de leur exercice avant que d'avoir à se convertir en puissance collective. Ils ont pu construire l'édifice de leurs institutions pour lui-même, sans autre impératif que la non-contradiction entre l'organisation politique et la jouissance des libertés personnelles, là où les Français étaient condamnés à vouloir la souveraineté du tout en même temps que les droits des parties, là où il leur fallait chercher, dès lors, l'intime adéquation du système institutionnel et de la logique des droits, avec le piège fatal que comportait cette quête obligée de la coextension entre le pouvoir de tous et la liberté de chacun. Les Américains, en résumé, ont eu la chance d'avoir les droits sans la matrice politique qui a porté leur gestation sur le Vieux Continent, et sans le problème d'ajustement des deux ordres qui en est résulté — problème dont la Révolution française a représenté un paroxysme. C'est le juste sentiment de cette exception, de ce privilège de jeunesse d'une société en formation, qui a détourné les Européens de reconnaître le signe d'avenir que comportait le succès américain. Il faudra la pénétration de Tocqueville pour le deviner, plus tard, dans un autre contexte. Ce qui a saisi les esprits, sur l'instant, c'est le retentissant échec français, c'est l'impasse où a mené la tentative pour régénérer la plus puissante monarchie d'Europe, c'est l'écartèlement entre la réalité politique et l'abstraction du droit sur lequel elle a débouché. Ancienneté et exemplarité du cadre, radicalité de l'entreprise : toutes les conditions d'une expérience cruciale étaient réunies, à la différence des données trop spéciales de la neuve et libre Amérique. Le résultat ne souffre pas la discussion, aux yeux du plus grand nombre. C'est le mode de pensée élaboré depuis deux siècles dans le dessein d'asseoir l'organisation des sociétés sur la raison et la justice qui est rejeté. On pouvait débattre indéfiniment de sa pertinence, tout le temps où il ne s'agissait que de constructions de papier. Maintenant l'épreuve décisive est faite. Le temps est venu de retrouver le sol ferme des liens réels entre les êtres.

Ce qu'il y a de vrai dans cette critique des faits, que la suite confirmera, c'est que le droit ne permet pas d'engendrer le politique, c'est que l'État n'est pas soluble dans le droit des individus, qu'il y a autre chose dans le lien de société que le produit de la liberté et de l'égalité des êtres. En ce sens, l'expérience révolutionnaire marque effectivement la fin du contractualisme compris dans sa rigueur. On ne cherchera plus, après elle, à recomposer le collectif à partir de ses éléments premiers. D'autant plus en referme-t-elle l'époque que, non contente d'administrer la preuve de son irréalité, elle en abolit les bases en cherchant à en accomplir les promesses. Elle dissout irrévocablement l'incorporation monarchique, l'identification du collectif dans un être qui fournissait la matrice secrète des genèses du politique. Jamais plus après elle on ne retrouvera cette proximité du corps social avec lui-même indispensable pour faire sortir le pouvoir des libertés.

Mais la fin de l'engendrement contractuel en tant que schème effectuant ne signifie pas la fin de l'individu de droit. Celui-ci survivra au mode de pensée qui a servi à en dégager la figure. Une fois qu'on a renoncé à vouloir dériver l'ordre politique des libertés de l'état de nature, l'individu demeure le point de départ et le point d'arrivée obligés. Il n'y a aucune autre source de légitimité concevable, au sein d'une société qui cesse de se penser déterminée par les dieux, que le droit inhérent aux êtres du seul fait de leur existence en tant que personnes singulières. Fonctionnellement, qui plus est, on l'a dit, l'individu abstrait est le corrélat nécessaire de l'abstraction réelle de l'État. Par où sa réalisation aura un instrument puissant à son service. C'est là que le prétendu réalisme de l'autorité, si en vogue en 1800, trouve ses limites. Il ne tardera pas à voir reparaître devant lui l'imparable revendication des garanties personnelles dont il avait cru un peu vite avoir raison. Il faudra tout autant compter avec l'individu que penser sans le contrat.

La vérité qui finira par émerger peu à peu, au milieu de ces suggestions contradictoires, est que le politique selon l'État et le droit selon l'individu constituent deux ordres de réalité distincts, mais connexes, qu'il s'agit d'ajuster en respectant leur extériorité l'un par rapport à l'autre. Le problème est de les faire se correspondre, de les combiner ensemble, en se gardant de les confondre ou de vouloir les faire procéder l'un de l'autre. La Révolution française est la première grande crise de formation de notre régime mixte. En échouant à constituer le pouvoir de la nation à partir du droit des citoyens, elle donne à lire ce que l'exclusivisme juridique du courant contractualiste comportait d'intenable et d'aveugle. L'échec n'est pas pour rien. En dégageant l'État du Roi et l'individu du contrat, elle lègue au siècle suivant les termes qu'il allait s'agir de rendre pleinement compatibles et d'associer à égalité.

Chapitre VI

L'AVÈNEMENT DE L'HISTOIRE

Le dialogue du politique et du droit va être bousculé, dans les faits, par l'irruption d'un troisième terme : l'histoire. Le nouveau venu ne va pas mettre longtemps à prendre le dessus, à s'imposer comme une clé de lecture privilégiée des affaires collectives et à commander l'interprétation rétrospective de l'événement révolutionnaire. Nous en étions restés au progrès, dont on a vu le rôle déterminant et dans la relance intellectuelle ultime du contractualisme, à la mi-XVIIIe siècle, et dans son passage à l'acte en 1789. Quand Condorcet écrit son *Esquisse d'un tableau des progrès de l'esprit humain*, en 1793, sous la terreur montagnarde, c'est toujours de la même idée qu'il s'agit. Elle continue de jouer comme un adjuvant au dessein d'une révolution du droit destinée à consacrer les pouvoirs de la raison dans l'organisation des sociétés humaines. Quelques années plus tard, les choses ont changé. Autour de 1800, une autre idée de la nature et des enjeux de l'aventure humaine dans le temps commence à se faire jour en Allemagne. Le progrès cède la place à l'historicité proprement dite, en même temps qu'à un autre regard sur la rupture révolutionnaire. En France, la compression napoléonienne perpétue à sa façon la problématique de la Révolution ; elle maintient les esprits dans l'orbite des Lumières. Mais en 1815 c'en est fini. La Restauration s'accompagne de l'invasion du point de vue de l'histoire. Il ne va plus cesser de gagner en ampleur et en force, dans les esprits comme dans les faits. Il se généralise. L'Angleterre lui apporte les leviers multiplicateurs de l'industrie et de l'économie. Se dessine dans son prolongement un projet politique d'une nature inédite, qui transfigure le point de vue du devenir en religion de l'avenir. L'orientation historique s'impose, en quelques décennies, comme le nouvel axe organisateur du monde humain — le basculement est acquis autour de 1850, entre la poussée décisive de l'industrialisation des parages de 1840 et le triomphe politique du libéralisme des parages de 1860. C'est dans le temps que se concrétise la liberté des hommes. L'émancipation vis-à-vis de l'étreinte des dieux a le pouvoir du changement comme vecteur. La société autonome est avant tout la société qui se fait elle-même et qui accède au savoir d'elle-même en se faisant, la société qui se donne les moyens de sa propre transformation et qui se pose à elle-même, par là, un immense problème : faire se rejoindre la puissance de se changer et l'exigence de se gouverner.

Il se découvre ainsi un continent neuf de pensée et d'action qui s'élargit à mesure qu'on l'explore. Il offre un champ que l'on n'avait pas soupçonné aux entreprises tant individuelles que collectives. Il requiert le déchiffrement de cette dynamique du devenir à laquelle est suspendue le destin de l'humanité. Il appelle l'élaboration d'un discours politique approprié aux choix qui s'ouvrent devant la communauté en matière de travail sur soi. Sur un demi-siècle, toute la vie publique et la compréhension de l'existence commune en seront bouleversées ; encore le bouleversement n'arrêtera-t-il plus de s'approfondir. Les richesses et les promesses du Nouveau Continent relativisent de façon de plus en plus marquée la place de ces anciennes dimensions du politique et du droit qu'on avait crues constitutives. Que pèse l'appareil des pouvoirs en regard de la marche de la collectivité dans son ensemble ? Il ne conduit rien ; il suit et il sert. Que représente l'ordre idéal du droit en face de la force d'invention à l'œuvre au sein des rapports sociaux ? Il ne donne pas la norme, il la reçoit. Au mieux, il rationalise après coup des relations qu'il ne précède ni ne définit.

L'expansion de l'élément historique en arrive de la sorte à nourrir un nouvel exclusivisme qui fera paraître bien pâle, rétrospectivement, l'exclusivisme juridique qu'on a vu égarer la Révolution des droits de l'homme. Il est vrai que la dimension de l'historicité, une fois introduite, devient rapidement celle dont le rôle est le plus spectaculaire ; elle entraîne et déplace les autres ; elle les contraint à se redéfinir. De là à croire qu'elle fait tout, qu'elle enveloppe et commande le reste, en un mot qu'elle suffit à tout, il n'y a qu'un pas. Il sera franchi lorsque la projection dans l'avenir aura atteint, autour de 1900, l'amplitude suffisante pour susciter le mirage d'une réalisation intégrale de l'autonomie dans et par le devenir, grâce à la pure fonction de la production de soi et du savoir de soi. L'illusion de l'accomplissement révolutionnaire de l'histoire, née et entretenue de l'intérieur du déploiement de l'historicité, dominera le premier XXe siècle. Elle présidera au surgissement des totalitarismes, expression paroxystique de ce que nous pouvons reconnaître comme la deuxième grande crise de composition des régimes modernes. Mais aussi bien elle présidera, parallèlement, à la formation des démocraties libérales. C'est en fonction de ce problème du gouvernement de l'histoire, problème alimentant le fantasme révolutionnaire de la puissance totale sur soi, que finira par se trouver la combinaison de puissance politique, de liberté des individus et d'ouverture du devenir qui constitue le principe d'équilibre de nos régimes. Un principe d'équilibre précaire, puisque à peine stabilisé, au terme d'une lente et tâtonnante gestation, nous l'avons vu se déliter, dans la période récente, et redevenir problématique. Nous n'en avons toujours pas fini avec ce que veut dire l'organisation des sociétés en vue de leur propre production. La relance de sa définition nous entraîne dans une troisième crise des régimes qui ont à articuler les différentes dimensions de l'autonomie.

Il y a deux choses à cerner, donc, dans cette mutation du sens social du temps aux alentours de 1800 : l'exacte teneur de cette historicité qui se substitue au progrès, et le ressort de son extension ultérieure. Il s'agit d'une orientation de l'existence collective qui ne se déclare ni ne se déploie en un jour, mais qui s'installe petit à petit, dans un approfondissement continué où se laissent repérer quatre étapes saillantes jusqu'à ce jour. Et il y va à la fois d'un mode de compréhension de soi dans le temps et d'une organisation pratique de la collectivité en vue du changement. Ce mode d'être à deux faces, associant la réflexion et l'action, est ce qui rend l'objet si fuyant, si difficile à circonscrire. Il est tentant d'enfermer l'histoire dans la « conscience historique », sans faire le lien avec le dispositif producteur sur lequel celle-ci s'appuie, comme il est facile de décrire les forces de mouvement au travail dans la société sans les mettre en rapport avec l'organisation de sa conscience temporelle. La dissociation s'effectue avec d'autant plus d'aisance que la conscience historique se décline par prédilection au passé, dans la mesure du chemin parcouru, alors que l'orientation historique pratique est, par essence, tournée vers le futur. Ce divorce potentiel est la clé pour comprendre les conditions très particulières dans lesquelles s'accomplit le passage à l'historicité dans les années 1800 et ses limites initiales. Il s'effectue, du point de vue de la conscience, sous un signe conservateur, en fonction de la critique de l'abstraction révolutionnaire et du souci de renouer la continuité des temps qu'elle avait cru pouvoir briser. Il s'opère comme réconciliation avec le passé, dans la synthèse des exigences de la raison et des données du réel. Ce nouveau rapport au passé est porté, de manière sous-jacente, par un approfondissement pratique du rapport au futur. Mais cela, le savoir de soi conquis dans l'explication du chemin vers soi l'ignore et veut l'ignorer. Il pense rétrospectivement le travail de construction accompli par le passé ; il est aveugle prospectivement à l'élaboration du futur en train de se poursuivre et de s'accélérer. Ce sera la limite dirimante de cette découverte conservatrice du pouvoir producteur du devenir. Elle sera débordée par sa propre invention. La suite du parcours tournera autour de l'intégration de la puissance de futur inscrite dans le présent au sein de la conscience du devenir acquise dans la réflexion sur l'éloignement du passé. Il reviendra au libéralisme de tourner cette continuité génératrice de l'humanité dans la durée vers l'avenir — ce sera la deuxième étape de la maturation de la conscience de l'historicité, durant le second XIXe siècle. Le socialisme accomplira un pas supplémentaire en subordonnant l'intelligence du passé en son mouvement d'ensemble à la différence du but futur — troisième étape. Il apparaît, enfin, que le vaste remaniement des repères en cours depuis les années 1970 nous a fait insensiblement passer à une quatrième étape de la conscience historique, marquée par une intensification tant productive que réflexive du présent qui change aussi bien le rapport au passé que le rapport à l'avenir. Au comble de l'orientation vers le futur, celui-ci se dérobe dans l'impensable, tandis que l'ombre du passé envahit et écrase le présent. Ce parcours d'élargissement et d'approfondissement du devenir — du devenir comme action et du devenir comme réflexion —, avec les dominances idéologiques successives par lesquelles il se traduit, représente l'axe central du mouvement des sociétés d'Europe depuis la Révolution française. Il commande leur évolution, à la mesure de la prépondérance toujours plus grande que l'élément historique acquiert dans leur définition. Car l'autonomie, encore une fois, consiste, dans les faits, autant dans le pouvoir de se transformer que dans le pouvoir de se gouverner, comme le XIXe siècle va le révéler à des acteurs alternativement plongés dans la stupeur, l'émerveillement ou l'épouvante. Mais si c'est l'élément historique qui entraîne les autres, il ne les fait pas disparaître pour autant. Il les presse, il les contraint de bouger, il précipite leurs redéfinitions, mais il doit composer avec eux. L'univers centré sur la marche vers le futur sera plus que jamais l'univers de la forme étatique et l'univers du droit des individus.

La découverte de l'historicité proprement dite, telle qu'on en a le plus puissant témoignage avec la *Phénoménologie de l'esprit* de 1807, procède d'une double radicalisation de la perspective du progrès.

Ce n'est pas seulement que l'humanité améliore son sort ou perfectionne sa condition, petit à petit, grâce aux efforts des meilleurs et des plus éclairés de ses membres. C'est qu'elle se fait de part en part dans le temps, et collectivement, au fil d'un travail où tous sont mobilisés à leur façon. Elle est ce que l'a faite le devenir qu'elle a traversé ; elle est ce qu'elle s'est faite en devenant. Il a fallu, pour en arriver à cette idée, une mesure croissante des effets et des apports du progrès dans tous les ordres d'activité. Ses incidences ne regardent pas seulement l'avancement des connaissances et les œuvres de l'esprit ; elles concernent aussi l'ensemble des domaines où l'esprit trouve à s'exercer : les manières et les mœurs, les lois, les arts, les métiers ; elles changent la manière d'être des sociétés selon qu'elles s'occupent de préférence de chasse, d'agriculture ou de commerce. Se dessine ainsi la perspective d'une immersion complète de l'expérience humaine dans un temps sédimentaire et d'une mise en forme globale selon le degré de perfectionnement qu'elle a atteint. Mais sûrement a-t-il fallu, en outre, pour que l'idée d'une auto-constitution dans la durée décante complètement, le repoussoir d'une tentative d'auto-institution intemporelle. Où l'on discerne le rôle que la critique de l'expérience révolutionnaire française a joué dans cette cristallisation. Ce n'est pas sous la forme d'un acte d'instauration subit et abstrait que l'humanité est susceptible de se donner à elle-même ; il n'est pas de son pouvoir de se constituer d'un seul coup en totalité. Il faut qu'elle emprunte le long défilé du temps, qu'elle passe par les mille et un détours d'une accumulation obscure. Ce que la volonté de rupture des révolutionnaires a méconnu, c'est l'essentielle continuité de ce processus d'édification du monde humain. Ils ont ignoré la véritable liberté que cette lente germination procure aux hommes d'aujourd'hui : celle de s'y reconnaître eux-mêmes, celle de comprendre ce qui s'est joué dans l'œuvre de leurs devanciers.

On arrive ici au second aspect de cette radicalisation de la perspective du progrès. Ce n'est pas seulement que l'humanité instille de plus en plus de raison dans ses manières d'être et de faire, qu'elle substitue des conduites et des règles de mieux en mieux réfléchies à des coutumes grossières et à des croyances superstitieuses, c'est qu'elle apprend à se connaître elle-même au travers de ce travail par lequel elle constitue son monde, c'est qu'elle accède au savoir d'elle-même en même temps qu'à l'intelligence de son propre devenir. En faisant, elle prend conscience de ce qu'elle fait, c'est-à-dire de ce qu'elle est, de son aventure dans le temps, laquelle se révèle la conduire vers la pleine possession, tant pratique que théorique, de son destin. L'historicité est, en son essence, marche à la réflexivité. Là aussi, l'événement révolutionnaire a dû fonctionner comme un accoucheur efficace, par contraste. Il a montré des acteurs qui croyaient conduire les peuples, alors qu'ils étaient menés par une nécessité qui leur échappait entièrement, des acteurs qui, armés de leurs principes, croyaient construire en connaissance de cause un édifice à l'épreuve des siècles, alors qu'ils n'étaient que les instruments aveugles du devenir. Nous savons ce qu'ils ignoraient, justement, ce qui signifie qu'en peu d'années le cours de l'histoire a changé de visage et que l'heure de la conscience de soi a sonné. Semblable naïveté ne nous est plus possible.

Les perspectives qui s'ouvrent à partir de cette opposition entre l'inconscience d'hier et la conscience d'aujourd'hui sont d'une fécondité prodigieuse. Les écrits des découvreurs témoignent de l'enivrement qu'ils en ont ressenti. Au travers de l'intelligence de son propre engendrement dans le temps, l'humanité accède à une autre manière d'être et de se comprendre. Un nouvel infini se dessine à l'intérieur de l'élément qui semblait par excellence signer la finitude de notre condition, avec la brièveté des existences individuelles. La difficulté est de démêler le conjoncturel et le structurel, dans cette émergence, ce qui relève du schème de l'historicité dans ses articulations fondamentales, destinées à perdurer, et ce qui relève de l'exploitation qui en est faite en fonction des besoins du contexte. Encore y a-t-il à distinguer, dans le cadre de cette dernière, entre la part périssable et la part promise au réemploi.

C'est le cas, en particulier, de l'interprétation de l'avènement de l'historicité comme signe de la fin de l'histoire. La vision de ce stade terminal qui s'impose dans l'Allemagne de l'après-Révolution et de la Restauration pourra bien être rejetée pour son passéisme ; l'idée n'en reparaîtra pas moins sous des versions futuristes ; au-delà de celles-ci, elle demeurera une tentation permanente du jugement historique — le monde de l'histoire sera un monde hanté par sa « fin ». Aussi la logique de l'idée mérite-t-elle d'être dégagée pour elle-même, afin de cerner le ressort de sa séduction invincible une fois advenue. Si nous sommes sortis de l'inconscience où cheminaient nos aïeux, et même nos proches devanciers, si nous savons quel est l'enjeu du devenir auquel ils œuvraient à leur insu, c'est que sa phase proprement créatrice est close, c'est que nous sommes entrés dans sa phase explicitatrice, récapitulatrice ou totalisatrice, qui ne peut être que sa phase finale. L'arrivée à la conscience est un phénomène tellement extraordinaire qu'elle ne peut que marquer le terme du processus, en même temps qu'elle en révèle l'essence — le processus ne pouvait avoir pour enjeu que la prise de conscience qui présidait à son effectuation. L'accès au savoir de soi signe forcément la clôture d'une histoire qui se déroulait dans l'ignorance d'elle-même et qui s'achève en se ressaisissant. Telle est l'ensorcelante induction qui tendra à transformer tout recul réflexif en annonce d'une « fin ».

Dans le contexte de l'après-Révolution française, l'idée s'impose avec d'autant plus d'aisance et de vigueur, outre son charme spéculatif, qu'elle se prête à une interprétation politique exactement appropriée aux nécessités du moment, et une interprétation étayée sur une lecture théologique, qui plus est. Pareille force conduisant l'humanité depuis toujours vers la saisie de soi ne peut être simplement humaine, pas plus que pareil aboutissement faisant se rejoindre le tout du devenir avec son sens ne peut s'épuiser dans la conscience des simples mortels. Il y va forcément du plus haut que l'homme. Il n'y a que l'esprit divin qui puisse rendre compte de semblable processus. Au travers de l'action immanente des hommes, c'est une raison transcendante qui est au travail et en route vers elle-même, en quête de sa vérité. En regard de quoi, la prise de conscience de la fin de l'histoire révèle toute sa profondeur d'événement métaphysique. Elle ouvre, ni plus ni moins, sur la réconciliation du divin et de l'humain dans l'advenue de l'esprit à l'absolu savoir de soi. Mais les choses ne s'arrêtent pas là. Cette réappropriation de la religion de l'intérieur de l'élément qu'on lui eût cru le plus contraire comporte une leçon politique de non moindre portée. La réinterprétation du christianisme à la lumière du devenir qui, au lieu de s'en prendre à ses dogmes, leur confère un surcroît de sens, fournit le modèle d'une réinterprétation de l'ordre traditionnel qui en sauve l'acquis, contre la critique révolutionnaire, tout en faisant droit à ce que celle-ci véhicule de justes exigences rationnelles. L'accès à une conscience récapitulative du travail accompli par le passé redonne un sens profond, pour commencer, à la continuité de la tradition. Il ne s'agit plus, sous ce nom, comme il avait pu s'agir, de l'obéissance extérieure à des exemples intangibles venus du fond des âges. Il s'agit de la compréhension intime de ce qui nous constitue en héritiers de l'œuvre des siècles. Mieux nous saisissons le chemin par lequel il a fallu passer pour en arriver là où nous sommes, plus nous nous en sentons solidaires, davantage nous nous identifions en pensée avec lui. Loin de nous assujettir, ce sentiment de dette est libérateur, de par l'intelligence de la nécessité à laquelle il nous élève. Les révolutionnaires voulaient briser avec le passé pour établir un ordre fondé en raison. Leur aspiration était juste : ils n'avaient tort que sur le moyen. Car il n'est d'accès à la raison de l'ordre que du dedans du devenir et grâce à l'entente de la continuité dynamique qui nous unit avec le passé. Semblablement, ensuite, la prise de conscience de l'historicité restaure le sens de la primauté du tout sur les parties, contre la décomposition atomistique de la communauté politique et l'idée d'un engendrement contractuel du pouvoir. L'individu est enveloppé et emporté par un mouvement qui le dépasse. En tant qu'acteur, il est toujours déjà mobilisé au service de finalités supérieures qui s'imposent à lui sans même qu'il les connaisse et qui sont en fait ce qui justifie son existence. La chance nouvelle qui lui est offerte par l'âge de la fin de l'histoire, c'est qu'il peut le savoir et trouver sa place en connaissance de cause au sein de cette marche englobante. Le pouvoir n'est pas plus dérivable que l'individu n'est séparable de ce tissu serré de la durée. Il appartient à l'autorité, justement, de représenter et d'administrer cette prééminence de l'œuvre d'ensemble sur les entreprises particulières, d'assurer la coordination et la prévalence du tout, en vue du but suprême auquel tous sont appelés à contribuer. Une tâche qui acquiert sa pleine dignité à l'heure du savoir de soi de l'esprit. Celui-ci transfigure véritablement l'État en organe de la conscience divine au sein de la communauté. Il lui procure, avec l'idée de sa nature et de sa mission, la notion complètement développée du droit rationnel qu'il est en charge de faire prévaloir, afin de rendre la communauté conforme à son essence de communauté. Les révolutionnaires voulaient détruire l'ancienne autorité arbitraire pour reconstruire à sa place un pouvoir justifié en raison. Là aussi, en réalité, c'est de l'intérieur de l'autorité préexistante que s'opère sa métamorphose en État pourvu de la science de lui-même. Le point de vue du devenir substitue la réconciliation à la rupture. C'est dans le cadre de la communauté amenée à l'unité substantielle par l'universalité du droit, faut-il enfin ajouter, que la particularité personnelle reçoit sa juste reconnaissance. Elle ne s'obtient que sur fond d'appartenance préalable, au rebours de l'illusion atomistique cultivée par les révolutionnaires. La supposée indépendance des individus n'y conduit pas. Il y faut leur commune soumission à une loi identique pour tous. Elle ne peut naître que de la synthèse entre l'égalité civile et l'inclusion obligée.

L'histoire, en un mot, se prête à un réinvestissement en règle de l'Un sacral. Ce n'est pas sa propriété la moins étonnante. Sa découverte a beau constituer une avancée décisive de l'autonomie, puisqu'elle consacre la puissance génératrice de l'activité des hommes, elle s'effectue sous le masque d'un retour en force du religieux. Par un effet d'optique remarquable, elle relégitime l'ancien de l'intérieur du moderne, elle fournit une justification de l'ordre hétéronome dans les termes de l'autonomie. Cette équivoque native pèsera lourd sur les vicissitudes de l'expérience collective au sein de son nouvel élément. Il n'y aura pas de milieu plus fertile en mirages et plus difficile à maîtriser que celui du devenir. Ce domaine de la réalisation de la liberté sera hanté par le modèle de l'assujettissement aux dieux. On saisit ici le mécanisme initial de cette captation.

Loin de détourner l'humanité du plus haut qu'elle, la prise de conscience de son pouvoir de se faire l'y ramène en plein. Elle transporte le théâtre terrestre à la hauteur du Ciel. Elle autorise la réappropriation de la forme religieuse dans l'ensemble de ses articulations et dans son esprit le plus profond, en leur ajoutant l'étayage d'une explicitation définitive selon la science. Elle réhabilite la continuité de la tradition, elle restitue sa nécessité à l'appartenance et à la précédence de la communauté, elle réhabilite le politique dans sa primauté ordonnatrice. Davantage, elle donne une force inégalée à la figure de l'union des hommes entre eux dans l'union avec le pouvoir qui les unit au divin, en la plaçant sous le signe de la coïncidence de l'esprit avec lui-même dans l'absolu savoir de lui-même. Quoi de plus séduisant que cette ressaisie rétrospective de la révélation par la raison, de l'autorité imposée par l'identité autofondée ? Quoi de plus satisfaisant pour l'esprit que l'image de cette boucle parfaite faisant se rejoindre la sagesse pratique du passé et le savoir médité du présent, au-delà des déchirements et des oppositions de l'âge des Lumières ? Cette structure réconciliatrice va faire de la pensée de l'histoire la pensée naturelle de la Restauration, pour ainsi dire, la pensée confirmée par la situation et la mieux ajustée à ses besoins. Elle se définit dans le sillage immédiat de la Révolution, comme explication critique de ses impasses. Mais c'est en 1815 qu'elle s'épanouit dans sa positivité, comme explicitation du retour au sol ferme de l'ancienne légitimité religieuse et politique, après un quart de siècle d'embrasement militaire et d'ébranlement de l'Europe dans ses bases. La Restauration est et doit être le contraire d'une simple réaction. Il ne s'agit pas de revenir en arrière, comme s'il ne s'était rien passé. Il s'agit d'incorporer les conquêtes de l'esprit moderne —

les garanties personnelles, la rationalité des lois, le sens de la liberté — à l'ordre hiérarchique et organique retrouvé dans sa vérité profonde. Car c'est seulement dans ce cadre qu'elles peuvent acquérir l'effectivité, alors qu'elles sont par elles-mêmes impuissantes à fonder quoi que ce soit de stable. Les *Principes de la philosophie du droit* de 1820 sont l'inégalable monument de cet espoir de concorde. Hegel y porte à son sommet spéculatif l'effort de synthèse entre l'ancien esprit d'autorité et le nouvel esprit libéral, à distance égale des impatiences révolutionnaires et des nostalgies réactionnaires. Mais il faut comprendre ce que l'exploit philosophique a de représentatif, ce qui l'enracine dans les données du moment, ce qui le met en harmonie avec les attentes de l'heure. La réforme de l'État prussien après Iéna n'en a-t-elle pas fait le laboratoire de la conjonction qui se cherche un peu partout dans l'Europe issue du Congrès de Vienne ? Ne fournit-elle pas le modèle de la monarchie rationnelle, unissant les acquis de la tradition et les avancées de la réflexion, au-delà tant des principes abstraits qui ont fourvoyé les Français que des libertés puissamment senties, mais empiriques, des Anglais ? On a pu croire, un temps, que cette perspective pacificatrice était en train de prendre consistance. La conscience du devenir a permis de cultiver la consolante conviction que l'humanité était sortie de son enfance contradictoire pour entrer dans sa maturité réconciliée. Puis le mouvement du monde et de l'esprit s'est chargé, bientôt, de dissiper ce beau mirage. Ce n'est pas seulement, en effet, que les discordances du réel se soient montrées plus fortes que les harmonies de la pensée ; c'est que le développement de l'idée d'histoire a révélé que cette prétendue réappropriation de l'ancien par le nouveau n'étreignait qu'une illusion de tradition.

Comme les autres grandes pensées qui ont été précédemment évoquées, celle de Hobbes ou de Rousseau, la pensée hégélienne n'est pas tant mobilisée ici pour elle-même que pour ce qu'elle éclaire de son temps. Elle apporte le témoignage le plus parlant qui soit, parce que le plus pénétrant, des possibilités que la conscience du devenir a ouvertes à la pensée. Elle est loin d'être seule sur ce front. L'époque grouille d'expressions et d'attestations de ce sens inédit de la durée qui constitue sa grande affaire. Aucune, cependant, ne présente la même limpidité démonstrative, s'agissant d'en tirer une intelligence de la situation et de définir une position face aux choix du présent. En son exemplarité solaire, la pensée hégélienne donne à comprendre par le dedans la façon dont l'interprétation conservatrice de l'historicité s'est imposée comme l'interprétation dominante dans le contexte de sa découverte, c'est-à-dire le passage de la Révolution à la Restauration. Dominante ne veut pas dire exclusive. Il y a d'autres interprétations possibles entre lesquelles se partagent les esprits. La vision réactionnaire ou contre-révolutionnaire jouit d'appuis solides dans l'Europe de la Sainte-Alliance. Sur le bord opposé, la lecture libérale, très minoritaire au sortir immédiat de la Révolution, acquiert une large audience à partir de 1815. Elle ne cessera de gagner en influence jusqu'à finir par renverser l'hégémonie conservatrice et à s'emparer de la position dominante à son tour. Mais il est de fait que, jusqu'en 1848, même si son étoile a déjà sérieusement pâli avant, le conservatisme éclairé, la synthèse de l'autorité traditionnelle et de la liberté rationnelle, apparaît comme la lecture la plus plausible du présent à la lumière de l'histoire qui se sait, la plus conforme à son essence. Elle marie les opposés, la fidélité à l'Un immémorial et l'ouverture à la moderne science de soi ; elle permet de ne rien ignorer du nouveau sans rien avoir oublié de l'ancien. Elle définit, en résumé, la position à la fois la plus équilibrée, la plus compréhensive et la plus cohérente. Les leçons théoriques du développement de l'expérience humaine dans ce temps rejoignent l'accommodement aux données de fait de la situation politique. Comment n'aurait-on pas été impressionné par ce faisceau de signes concordants ? Rares sont ceux, sans doute, qui ont été en mesure de se formuler cette équation dans les termes du philosophe. Innombrables sont ceux, en revanche, qui ont senti confusément cet accord de l'esprit historique et de la forme religieuse que la haute spéculation s'emploie à clarifier, et qui y ont placé leurs espoirs. Ç'aura été le rêve consolant porté par la rencontre de la réalité d'une époque et de l'état initial de la conscience du devenir. Il a passé avec le changement d'époque et le déploiement de l'orientation historique.

Autant il importe, maintenant, de cerner les fortes justifications qui soutiennent cette version initiale de l'idée d'histoire, autant il importe de ne pas confondre la perspective du devenir en elle-même avec l'interprétation qui s'en est primitivement imposée. C'est la condition pour saisir la suite, c'est-à-dire les transformations qu'elle va connaître. Hegel n'est pas le dernier mot de la pensée de l'histoire, il n'en est que le premier. Sous cette lecture théologico-politique, il s'agit de circonscrire le noyau sur lequel elle se greffe, mais qui va perdurer indépendamment d'elle. Derrière la majestueuse vision de l'advenue de l'esprit au savoir absolu, il faut dégager le schème sous-jacent, qui se montrera susceptible de nourrir des visions fort différentes. Le plus commode pour en identifier la teneur est de remonter à la double radicalisation qui assure le passage de la perspective du progrès à la perspective du devenir générateur proprement dite. D'un côté, donc, l'humanité ne se contente pas de faire des progrès ; elle se fait en progressant. De l'autre côté, elle ne se borne pas à vivre davantage selon la raison ; elle prend conscience d'elle-même en substituant la réflexion à la spontanéité dans ses actes. On est fondé à parler d'un schème parce qu'il y va, dans ces deux simples propositions, d'un renouvellement complet et contraignant de la compréhension de l'expérience humaine dans sa nature intime et sous l'ensemble de ses aspects. Elles vont fonctionner comme des sources inépuisables de redéfinition et d'interrogation du statut des êtres, de l'identité des collectifs et des destinées de l'espèce. En fonction de ce double foyer de sens, il n'est rien de nos conduites, de nos pensées, de nos devoirs, de nos liens, de nos espérances qui ne soit en permanence à reconsidérer.

En premier lieu, donc, la perspective du devenir générateur introduit un nouvel universel dans les affaires humaines. Elle y installe un principe inédit d'englobement et de totalisation. Il n'est pas d'activité qui ne participe de cette œuvre commune qu'est l'histoire. Toutes y sont prises, qu'elles le veuillent ou non, qu'elles le sachent ou qu'elles l'ignorent ; toutes y confluent, s'y réunissent et s'y agrègent. Elles sont appelées à n'y faire qu'une, en dernier ressort, et elles ne prennent sens qu'en fonction de cette marche générale à laquelle elles contribuent. Mais justement, en même temps, de par ce travail d'agrégation et de sommation, il y a une obscurité constitutive de l'action historique. Elle est nécessairement opaque pour l'acteur isolé, au regard du tout dans lequel elle s'insère et du point de vue duquel, uniquement, elle se peut apprécier. Il y a, autrement dit, un mystère de l'effectuation du processus historique pour ses participants. Il est leur, il passe par eux et, cependant, il les dépasse, il est au-delà d'eux. En quoi l'historicité, ce milieu inédit en lequel l'humanité va devoir désormais se définir, se révèle intrinsèquement subversive de l'idéal de possession de soi de l'acteur rationnel. Le progrès en préservait la possibilité ; il sauvegardait la perspective d'une transformation des choses conduite en connaissance de cause, où le résultat final demeurait en harmonie avec le dessein initial de l'acteur. L'histoire introduit un hiatus principiel entre le dessein et le résultat. Si l'on veut sauver le rationnel, il faut le loger dans le mouvement du réel, ou bien il faut se résoudre à la contingence de ce dernier. Où l'on discerne combien le problème de la connaissance et de la réappropriation possible du sens de cette marche d'ensemble qui se dérobe structurellement à ses acteurs va prendre un relief crucial à l'âge de l'histoire. S'il est vrai, comme l'écrira Marx, que « les hommes font l'histoire, mais ne savent pas l'histoire qu'ils font », pouvons-nous, devons-nous nous résigner à cette irrémédiable limite ? La proposition, on l'oublie trop souvent, est de quelqu'un qui ne doute pas de savoir, lui, ce qui mène ce processus que la plupart de ses protagonistes ne comprennent pas tout en l'agissant, pas plus qu'il ne doute que son but est précisément la ressaisie de cette signification cachée. Mais que se passe-t-il s'il s'avère qu'il n'y a pas de réappropriation finale en vue et que l'opacité est destinée à rester irréductible ? C'est autour de ces différentes configurations possibles que s'organisera l'expérience historique. Elle sera déterminée dans ses modalités essentielles par la réponse au problème de son savoir d'elle-même.

À un niveau plus prosaïque, le problème est de concevoir dans son unité effectuante ce processus où toutes les choses humaines se rassemblent et se nouent ensemble, par-delà les moments et les lieux. Qu'est-ce qui est en jeu dans cette confluence ? Comment s'opère cette conjugaison des arts, des sciences et des lois qui forme un seul élément avec des composantes si disparates ? La notion qui fera consensus pour désigner cette totalisation en marche du travail de l'humanité sur elle-même sera celle de *civilisation*. Elle sera le nom courant de l'universel qui émerge ainsi dans le temps. On a vu comment la sortie de la religion s'était traduite au XVIIe siècle par le basculement de l'universel du côté de l'individu. Il était du côté de l'empire, c'est-à-dire de l'unité du genre humain dans l'espace. Il passe, sous l'effet de l'irrévocable disjonction du Ciel et de la Terre, du côté de l'insécable unité des êtres singuliers dans leur primordiale possession d'eux-mêmes. Le passage à l'histoire, c'est l'un de ses impacts majeurs, fait resurgir une figure collective de l'universalité humaine. La figure de l'individu universel ne s'effacera pas pour autant de la scène. Il y aura désormais concurrence des universalismes. L'expérience moderne sera tiraillée, avec d'amples oscillations, entre l'universalité du singulier et l'universalité de l'entreprise civilisationnelle.

En second lieu, la perspective du devenir générateur introduit une nouvelle figure du sujet collectif, en sus de cet horizon d'universalité. Elle est inséparable de la perspective d'une avancée de l'humanité dans l'intelligence d'elle-même au fur et à mesure de son travail pour se produire, de telle sorte que le mouvement fait signe vers une pleine conscience d'elle-même qui lui procurerait véritablement la subjectivité en même temps que l'autonomie. La constitution de soi ne va pas sans retournement sur soi et élucidation de soi. En se forgeant dans la durée, l'humanité apprend à se connaître, à se comprendre, à se savoir pour ce qu'elle est, en éclaircissant d'où elle vient et en discernant où elle va — en un mot, elle se réfléchit.

L'idée peut prendre la forme extrême qu'on lui a vue chez Hegel, celle d'un savoir total et final de soi, forme qui n'a pas peu contribué à la discréditer, après avoir assuré son rayonnement. Mais il faut savoir dissocier cette version hyperbolique de la propriété intrinsèque du devenir qu'elle exploite. Il y a histoire, dans le sens contemporain du terme, à partir du moment où il est admis que sa marche cumulative ne va pas sans un gain de conscience rétrospectif. Le recul autorise un retour compréhensif sur ce qui s'est passé. L'après-coup est riche d'une réflexivité qui ne se trouvait pas dans l'effectuation. Ces indications le suggèrent, l'idée fonctionne en général d'une manière opératoire et discrète, loin de la revendication d'une réflexivité absolue. Elle est à la source du développement des sciences herméneutiques et historiques au sein de notre culture, ainsi que la préoccupation patrimoniale qui n'a cessé d'y grandir. Grâce à l'aiguisement de la conscience avec la distance, nous pouvons mieux comprendre les œuvres du passé que leurs auteurs ne les ont eux-mêmes comprises. Voilà ce qui a fait de nous des commentateurs infatigables et des interprètes obsessionnels. Chaque jour qui passe nous met en mesure de saisir avec davantage de précision quant aux faits et de pénétration quant au sens les chemins innombrables qu'ont empruntés nos devanciers et la genèse multiforme dont nous sommes issus. Aussi nous devons-nous de sauvegarder avec le plus vigilant scrupule tous ces monuments et documents à partir desquels pourra continuer de s'approfondir ce capital déchiffrement de soi. À l'opposé d'une coïncidence immobile avec soi, le progrès collectif amené par le devenir est un appel à l'activité. Il n'empêche que cette avancée dans la conscience de soi comme conscience du chemin qui a conduit vers soi fait signe vers une complète possession de soi dans la science de soi. C'est à ce titre que l'historicité est, pour les Modernes, l'élément par excellence de la subjectivité — de la subjectivité comme ce à quoi l'humanité est en puissance d'accéder. Cela ne présage pas de la situation de ce sujet au regard de l'histoire en cours ; il y aura diverses manières de la concevoir. Hegel le croit advenu dans le présent perpétuel de la fin de l'histoire. Ses successeurs le penseront à venir, comme destiné à surgir de la rupture avec le présent. Il pourra reculer encore dans le temps, sous l'effet de l'approfondissement même de la perspective qui en impose l'idée — c'est ce qui vient de se produire et qui a vidé de sens l'espoir de révolution. Si nous gagnons en conscience de nous-mêmes en marchant, cela ne veut-il pas dire, en réalité, que le dévoilement de l'humanité à elle-même est inépuisable et qu'il est destiné à se renouveler indéfiniment ? Le sujet s'éloigne comme un horizon inatteignable, qui recule à mesure que nous avançons. Ce n'en est pas moins dans son horizon et en fonction de son appel que nous avançons. Le sujet est ce vers quoi nous tendons dans l'histoire, l'idéal vers lequel nous portent nos efforts pour nous comprendre nous faisant. Nous avions vu chez Hobbes et plus encore chez Rousseau le sujet émerger dans l'élément collectif sous l'aspect d'un être doté, en sa parfaite unité, de la puissance de se gouverner — un être en pleine possession de sa raison d'être, de par sa composition artificielle, et supérieur en cela à la personne singulière, incapable par nature d'une telle autoposition. La découverte du devenir fait surgir une autre figure du sujet collectif, bien au-delà des limites de la communauté politique, puisque élargie à l'humanité. Là aussi, l'une n'abolira pas l'autre. Elles devront coexister. On les verra tantôt se combattre et tantôt se combiner. Sujet de l'histoire ou sujet politique ? L'un à la place de l'autre, ou l'un comme moyen de l'autre ? Le dilemme n'en finira plus de tenailler les Modernes.

L'aspect le plus frappant du passage à l'histoire est son aspect intellectuel. Il réside dans l'apparition de cette conscience du temps qui change de part en part l'idée que l'humanité peut se faire de sa condition — ou, plus exactement, qui contient en germe un tel renouvellement complet, car il faut se garder d'imaginer une libération instantanée de ce potentiel ; il faut concevoir au contraire un lent dépli, une diffusion insensible touchant toujours davantage d'esprits et les engageant dans une révision toujours plus ample de leur compréhension d'eux-mêmes. Ce qui se présente en 1800 déjà comme un changement radical de perspective pour une poignée d'initiés sera devenu un bien commun, un siècle plus tard, et aura pris des proportions encore plus gigantesques en matière de bouleversement des horizons collectifs. L'histoire de la conscience historique ne sera pas achevée pour autant ; son déploiement se poursuivra, avec son lot de surprises ; il est toujours en cours. Mais justement, pour comprendre ce processus d'expansion, il faut prêter attention, à côté de ce schème théorique dont l'éclat et la fécondité captent les regards, au dispositif pratique auquel il est associé. C'est le rapport pratique au futur qui transforme le rapport théorique au passé. Sous la capacité de rétrospection se cache une capacité non moins inédite de projection. L'avènement de la puissance réflexive qui se dévoile dans le présent à l'égard du parcours qui a mené jusqu'à lui dépend, en réalité, du tacite sentiment de la puissance effective du présent à produire l'avenir.

En quoi consiste proprement la nouveauté de la conscience historique ? Dans la découverte de ce que le présent est issu du passé, qu'il a été engendré par lui et qu'il est possible d'expliquer comment. La perspective du progrès n'impliquait aucunement un tel lien génétique. Elle était résolument futuriste, toute tendue vers les perfectionnements à introduire au sein de l'état de choses existant, sans beaucoup d'égards pour l'ignorance et la grossièreté des époques révolues — la seule chose digne d'y être relevée étant les efforts des grands hommes pour y faire avancer les Lumières. Le passé, c'est ce au-delà de quoi il faut se porter, sinon une barbarie avec laquelle il faut rompre — le progrès sera volontiers vandale. Il n'engage, en tout cas, aucun lien de reconnaissance envers un mouvement d'ensemble dont le présent se penserait le produit. C'est avec ce sentiment que naît la conscience de l'histoire, avec l'idée que nous sortons du passé, dans les deux sens du terme : nous nous en éloignons, nous nous en séparons, mais, dans sa distance, nous le reconnaissons comme ce dont nous sommes issus, comme ce qui nous a faits, de telle sorte qu'il y a du sens à s'y intéresser pour lui-même, dans sa différence, en même temps qu'à le ressaisir dans son rapport au présent, puisque quelque chose de nous-mêmes en dépend. Le savoir supérieur de nous-mêmes auquel le présent nous permet d'accéder, au travers de la science de ce qui nous a fait devenir nous-mêmes, a pour contrepartie, au rebours de l'arrogance du progrès, la piété envers ce passé dont nous émergeons. Nous ne pouvons que nous sentir reconnaissants envers la totalité de ce processus de gestation en lequel nous reconnaissons notre chemin vers nous-mêmes.

Mais ce sentiment suppose, pour apparaître, l'identification dans le présent, si confuse soit-elle, d'une force de formation du futur. C'est parce que nous sentons à l'œuvre, au milieu de nous, une puissance germinative qui nous emmène ailleurs, au-delà du présent, que nous sommes en mesure de nous extraire réflexivement de la continuité avec le passé pour nous penser rétrospectivement produits par lui. Il y a une secrète postulation de la différence du futur à la base de ce sentiment pivotal de l'originalité du présent comme moment privilégié de la prise de conscience du devenir dans sa marche génératrice. Nul doute que les leçons de l'expérience contemporaine ont été déterminantes, de nouveau, s'agissant de la cristallisation de cette conscience. Il en est deux majeures qui se font vis-à-vis et dont la mise en relation éclaire la nature de la dynamique inédite du présent : la révolution politique des Français, la société du commerce et de l'industrie des Anglais. L'acte révolutionnaire a révélé à la fois les forces prodigieuses que recèle le devenir et ce que ne peut pas être son effectuation : l'actualisation de ces forces sous l'aspect d'un choix instantané et total de soi. En regard, le contre-exemple anglais montre de quoi est réellement faite cette puissance motrice qui habite le présent : elle repose sur le travail, elle passe par l'échange qui lie les différentes activités et qui les noue en un système. Là où la perspective du progrès ne voyait que des actions isolées et dispersées, même si destinées à se cumuler, qu'elles résultent d'initiatives privées ou qu'elles proviennent de la volonté publique, il se découvre une conjugaison générale des labeurs, une coordination organique des travaux ; il se dessine, en un mot, une cohérence dynamique de l'acteur collectif. Aux antipodes de l'introuvable volonté générale au nom de laquelle les Français prétendaient instaurer un ordre politique valable pour tous les temps et pour tous les lieux, l'économie des Anglais donne à entrevoir l'effectivité d'une histoire qui avance grâce à la composition de l'ensemble des activités en un travail général. Voilà de quoi est faite, en vérité, la puissance d'avenir logée au cœur du présent. C'est le discernement obscur de cette force d'entraînement qui a précipité l'émergence de la différence réflexive du présent. La conscience du devenir générateur est apparue en fonction de la dissociation des temps introduite par l'identification de la source du futur.

Cette dissociation a été instantanément recouverte, dans un premier moment il est vrai, par la réflexivité absolue prêtée au présent. Le savoir de soi de la fin de l'histoire reconstitue sur un plan supérieur l'Un religieux des temps, ébranlé par l'irruption de ce principe de mouvement. Le présent est certes différent du passé, puisqu'il se sait et qu'il connaît le passé qui s'ignorait, mais, ce faisant, et grâce à cette différence, il élève en fait l'ensemble du devenir à l'identité avec lui-même. De même, sur l'autre bord, la science de soi du présent promet-elle que la différence de l'avenir sera une différence voulue et maîtrisée, une différence maintenue dans le cercle de l'identité, par conséquent. Très remarquablement, on ne le soulignera jamais assez, la conscience historique s'est affirmée, de la sorte, en conjurant ce qui lui a permis de naître. La réflexivité de l'histoire se conquiert en niant l'action historique qui l'amène au jour. Il reste que le dispositif était en place, sous le majestueux édifice de sa conjuration, et qu'il va petit à petit le renverser. La poussée de l'histoire se faisant va bousculer les certitudes rétrospectives de l'histoire faite. Le point de vue prospectif de l'action va s'imposer de plus en plus ouvertement et remettre en question le point de vue de la réflexion dans sa version initiale, comme savoir achevé de soi, comme coïncidence terminale entre ce qui est, ce qui fut et ce qui sera. Il va complètement le transformer, en le contraignant à se redéfinir en fonction de ses enseignements et de ses exigences. La lecture rétrospective de l'histoire passée va devoir s'effectuer, non plus à la lumière de son accomplissement dans le présent, mais à la lumière de l'histoire en train de se faire et d'emmener le présent vers autre chose que lui. Encore ne sera-ce qu'une première étape. Pas supplémentaire, il lui faudra bientôt s'effectuer à la lumière de l'histoire à faire au-delà du présent, voire en rupture avec lui. L'avenir en gestation dans l'action historique au présent, autrement dit, va commander toujours plus profondément le travail de la conscience historique en direction du passé. Le déchiffrement du parcours accompli va être de plus en plus dominé par la perspective de ses développements inaccomplis. Encore l'avenir change-t-il lui-même de visage dans l'opération ; il ne cesse de s'éloigner, de se charger d'une différence espérée ou redoutée, pour finir par s'échapper dans l'altérité, à mesure que l'action historique au présent acquiert davantage de consistance, accroît ses moyens, se systématise. Mais plus, de la sorte, le présent déploie sa puissance de futur, plus il s'en reconnaît et s'en veut l'auteur, plus il se coupe du passé, plus il s'en écarte délibérément et plus il l'appréhende sous le signe de l'étrangeté. Il a beau s'en sentir toujours davantage le produit, développer la conviction qu'il ne s'explique que par lui, il lui obéit de moins en moins, en pratique, comme il s'y retrouve de moins en moins à l'identique — il ne parvient à s'y reconnaître que moyennant la traversée d'une distance qui ne cesse de s'élargir.

C'est ainsi que l'Un des temps religieux et passéiste, dans lequel la découverte de l'historicité trouve primitivement à se loger — mieux, qu'elle réinvestit en lui procurant un ultime éclat —, cède progressivement la place à la dissociation profane et futuriste du passé, du présent et de l'avenir. Un écartèlement croissant des temps qui ne sera pas la moindre des perplexités suscitées par l'expansion de l'univers du devenir. Ce n'est pas que l'étreinte de l'Un va disparaître du jour au lendemain, avec la forme religieuse dont elle représente la clé de voûte. Elle ne va se desserrer que pas à pas, par scansions successives, ne se relâchant dans ses expressions manifestes que pour se reconstituer souterrainement, ne laissant passer la nouveauté que pour l'associer ou la mêler à l'ancien, d'une manière ou d'une autre. La poussée de la dynamique futuriste et la différenciation des temps dont elle est inséparable vont composer, durant presque deux siècles, avec l'insistance de la continuité entre passé, présent et avenir, avec la hantise de leur essentielle unité comme, de façon générale, avec l'obsession de l'unité religieuse dans ses différentes expressions. Il est possible de distinguer trois grandes configurations à cet égard, trois modalités du compromis entre l'Un et la différence des temps, trois modalités de la prégnance de la forme religieuse au sein de la forme historique, plus une quatrième, la nôtre, celle qui nous déconcerte tellement depuis deux ou trois décennies, une modalité caractérisée, justement, par l'effacement de cette conjonction obligée. On retrouve les quatre étapes que j'indiquais au départ, dont ces éléments permettent de préciser les contours, en tant qu'étapes de la conscience historique dans ses rapports avec le dispositif de la société de l'histoire.

Je n'insiste pas sur la première configuration, dont on pourrait résumer le principe en disant que le pouvoir de futur y demeure enveloppé dans la réflexion du passé. La prise de conscience de l'histoire accomplie écrase jusqu'à l'éventualité d'une histoire à poursuivre. Autour de l'Un des temps réalisé dans le présent, la forme religieuse y prévaut explicitement, comme revitalisée par le sang neuf du devenir. C'est le moment conservateur de la société de l'histoire, quand son développement rudimentaire entretient une illusion de tradition et redonne un lustre inattendu aux articulations monarchiques, hiérarchiques et organiques de l'ordre hétéronome.

La deuxième configuration s'installe avec la victoire explicite de l'orientation vers l'avenir dans la seconde moitié du XIXe siècle — autour de 1860, elle a achevé de conquérir la place. Les expressions ouvertes de l'Un religieux ont été abattues ou sont sur la sellette. La légitimité monarchique, lorsqu'elle subsiste, est condamnée à composer toujours plus largement avec la légitimité représentative ; l'autorité hiérarchique cède devant la raison égalitaire ; l'appartenance organique est emportée par la déliaison individualiste. Toutefois, la forme de l'Un reste le cadre contraignant tant des pensées que de l'existence collective. Ainsi empreint-elle la conscience historique. À l'unité des temps dans la communion réflexive avec le passé, elle a substitué l'unité des temps sous le signe du mouvement vers l'avenir, mais passé, présent et futur demeurent étroitement associés dans leur distinction dynamique. C'est vrai tout autant de la société, où l'unité du pouvoir et de la communauté qu'il représente, comme l'inscription communautaire des individus émancipés demeurent des repères expressément revendiqués. On se trouve, en réalité, devant une nouvelle synthèse de tradition et de modernité, où la modernité domine, cette fois, mais qui continue d'être gouvernée par l'espoir de faire entrer la donne nouvelle dans la continuité profonde, y compris religieuse, de l'humanité de toujours. C'est le moment libéral-bourgeois de la société de l'histoire, quand le progrès triomphal et matériel du devenir se faisant l'emporte sur l'apothéose rétrospective de l'histoire faite et de l'advenue de l'esprit à lui-même.

La troisième configuration est caractérisée par la crise de cet héritage traditionnel. Il se révèle impossible de compter sur ce socle dont l'appui semblait devoir ne jamais faire défaut et grâce auquel les conquêtes de la liberté, de la science, de l'industrie paraissaient susceptibles de se concilier avec les nécessités éternelles de l'établissement humain. La dynamique du devenir disjoint tout ce qui était resté lié ; elle sépare les gouvernants des gouvernés ; elle divise les classes ; elle éparpille les individus ; elle segmente le travail social. Le passé, le présent et le futur s'éloignent vertigineusement. D'où l'angoisse et la révolte qui montent devant un avenir où le déchaînement de la puissance des hommes de se faire les arrache à eux-mêmes en les rendant étrangers les uns aux autres, les prive du pouvoir sur leur monde et les plonge dans un état social inviable. Le problème devient celui de maîtriser cette puissance d'histoire qui s'avère incontrôlable et de reconquérir ce gouvernement de soi dont l'effectivité s'évanouit dans le moment où les principes qui le promettent triomphent. C'est ici que la forme de l'Un recouvre son emploi. Elle a beau être battue en brèche de partout, en pratique elle demeure l'ombre tutélaire planant sur ce monde qui lui tourne le dos ; elle fournit l'aune à laquelle il est jugé et condamné comme impraticable ; elle reste l'unique patron sur lequel une communauté humaine est concevable. Elle devient la figure de l'alternative. L'Un est à retrouver au-delà du présent, à rebâtir ou bien à réaliser dans sa forme effective, en rupture avec ses incarnations mystificatrices antérieures. Il s'agit de libérer entièrement cette capacité de se produire dont la société actuelle est grosse, de la porter à son expression complète, afin de procurer son unité définitive et sa pleine coïncidence avec lui-même à l'établissement humain. La fin de l'histoire resurgit dans l'avenir comme le terme prochain auquel le renversement du présent (et de la totalité du passé au travers de lui) ouvre l'accès. Hegel n'avait eu que le tort de la croire déjà advenue, et de la concevoir comme l'aboutissement d'une odyssée de l'esprit. La vérité est qu'elle est devant nous, qu'elle est l'autre du présent, dont seul le saut révolutionnaire nous sépare, et qu'elle sera l'apothéose du profane, le couronnement d'une dialectique des forces matérielles. Elle ne sera pas la paisible jonction de l'esprit avec lui-même au bout de l'histoire faite ; elle sera la rude rentrée en possession d'elle-même de l'humanité au paroxysme de son pouvoir de se faire en sachant qu'elle se fait. C'est ainsi que la figure de la Révolution, en tant que clé de l'advenue ou du recouvrement de l'Un, va dominer l'imaginaire politique du XXe siècle. Mais elle ne va pas présider seulement aux embardées totalitaires. Sous le couvert de cette aspiration radicale à la saisie de soi, c'est aussi la synthèse de la liberté libérale et de la puissance démocratique qui va cheminer et finir par se trouver.

La quatrième configuration, celle où nous évoluons depuis le milieu des années 1970, se détache, en regard des trois précédentes, par l'évanouissement de cette attraction hypnotique de l'Un. Il a brutalement cessé d'être un problème, une nostalgie, une aspiration. L'empire que conservait sa forme a sombré d'un seul coup. C'est le premier mystère de l'époque. Cette disparition sans reste requiert de se demander quelle autre source d'unité est venue se substituer au sein de notre société à celle qui provenait de la structuration religieuse. Car on ne voit pas que nos sociétés aient aussi spectaculairement perdu pour autant en capacité d'intégration. En revanche, leurs acteurs ont complètement cessé, eux, de se préoccuper de ce qui peut les rassembler. La déliaison des individus ne fait plus peur, elle est au contraire accueillie avec enthousiasme, avec l'expression des dissensions ou la divergence des intérêts. La confiance règne quant aux mécanismes spontanés susceptibles de réguler ces manifestations de la différence. Encore faut-il se demander ce qui l'alimente. Autre mystère de l'époque, la métamorphose non moins considérable de la conscience historique qui a accompagné ce soudain consentement à la division. Il s'agit de comprendre par quels mécanismes la démultiplication du pouvoir d'histoire et du savoir qu'on fait l'histoire s'est traduite par le basculement de l'avenir dans l'infigurable et l'estrangement du passé. De nouveau, l'amplification de la puissance du devenir ouvre un problème du gouvernement du devenir. La différence avec la précédente « crise du libéralisme » qui se déclare au cours de la période 1880-1914, différence qui ajoute à l'étendue du problème, c'est que celui-ci n'est pas perçu comme tel, et que tout au plus certaines de ses conséquences attirent l'attention, les remèdes suggérés allant infailliblement dans le sens de l'aggravation du mal. De la foi onirique dans les solutions radicales de l'âge totalitaire, nous voici passés dans l'aimable inconscience de la démocratie de marché, invulnérablement confiante dans ses automatismes et ses ressources d'équilibre. C'est avec cette configuration inédite, ses surprises et ses difficultés inaccoutumées qu'il va falloir nous débattre.

Chapitre VII

LE RENVERSEMENT LIBÉRAL ET LA DÉCOUVERTE DE LA SOCIÉTÉ

Si l'on ne voit au départ que la conscience du devenir greffée sur la forme hétéronome qu'elle paraît justifier en la modernisant, il va bientôt apparaître que l'orientation historique sous-jacente à cette conscience est porteuse d'une forme complète de l'établissement humain, en rupture avec la forme religieuse. L'illusion de tradition suscitée par l'irruption de la ressaisie du passé comme chemin vers soi n'aura pas la vie longue. Le sentiment du travail continué du devenir, la montée de l'étoile du futur sur l'horizon, l'ébranlement généralisé du vieil édifice de la dépendance sacrale ne vont pas tarder à en montrer les limites. En 1820, l'idée que l'heure de la réconciliation a sonné est encore dans tout son éclat. En 1831, quand Hegel meurt, elle a à peu près cessé d'être croyable. Dix ans plus tard, la vapeur, les chemins de fer, la manufacture, la science, l'émancipation des peuples l'ont renvoyée au magasin des antiques. La production de l'avenir a décidément pris le pas sur la réappropriation rétrospective, et il est acquis qu'elle appelle une refonte de l'ensemble des rouages de la communauté humaine, même s'il faudra encore du temps pour que celle-ci s'impose.

On peut rassembler les différents aspects de cette déconstruction de l'ordre traditionnel sous la notion de *renversement libéral*. Son trait le plus spectaculaire réside dans le détrônement du primat ordonnateur du politique au profit du primat générateur de la société. La conscience de l'histoire faite avait réactivé, dans un premier moment, la prééminence de l'État en tant qu'instance qui sait et qui veut l'ordre dont la communauté a besoin. La perspective de l'histoire se faisant confère la primauté, à l'opposé, au foyer de dynamisme installé dans les relations extra-politiques des membres de la communauté. Ce qui est premier, du point de vue d'une humanité qui en vient à se concevoir comme se construisant dans la durée, ce sont les activités par lesquelles passe cette production de soi. Elles sont premières à la fois dans les faits — c'est par elles que tout commence — et en termes de légitimité — il faut qu'elles soient reconnues dans leur rôle. C'est ainsi que l'orientation historique débouche sur la *découverte de la société*, en tant que creuset de l'historicité. Société qui se distingue de l'État comme la source du mouvement se distingue du foyer de l'ordre, et qui prend le pas sur lui, puisque les nécessités de l'ordre ne peuvent qu'être subordonnées aux impératifs du mouvement. Société qui non seulement existe avant et indépendamment de l'État, mais qui exige d'être consacrée dans sa liberté d'invention, maintenant que l'on sait qu'il y a histoire et création de l'humanité par elle-même. Contrairement à ce que posait la structuration religieuse, qui faisait du pouvoir le relais de l'invisible, le pouvoir ne précède pas, il suit, et, s'il domine, ce ne peut être qu'au service de la société en gésine et en tant qu'expression des nécessités d'ensemble de son dynamisme. Désormais, justement, que ce dynamisme est compris, il faut que le pouvoir soit expressément désigné par la société en fonction de ses besoins. Il ne peut plus y avoir de légitimité que représentative — une légitimité toute profane, utilitaire, si ce n'est matérielle. Voilà comment l'irruption de l'historicité, qui avait commencé par restaurer l'autorité dans sa plénitude traditionnelle, au titre du savoir de la liberté collective qui s'incarne en elle, en renverse radicalement le statut, dans un second temps, au nom de l'effectuation de la même liberté.

Il y a une *politique de l'histoire*, en un mot. La conscience du devenir s'élargissant en conscience du devenir actuel emporte avec elle une reconsidération en règle de l'être-ensemble, de ce en quoi il consiste, de ce qu'il exige comme gouvernement. Elle est grosse d'une nouvelle forme de l'établissement humain, au-delà de la forme religieuse. Tel est le phénomène majeur dont l'explosion traverse le XIXe siècle et dont nous sommes toujours à recueillir les éclats et à tenter de maîtriser les suites. L'orientation historique, l'orientation vers la production de soi ne se contente pas d'introduire une autre disposition de la communauté réelle et une autre façon de concevoir la communauté souhaitable ; elle entraîne dans sa mise en mouvement les dimensions antérieurement prévalentes qu'elle supplante, le politique et le droit. En surface, on a l'impression qu'elle se borne à les remplacer intellectuellement et à se les subordonner pratiquement, en leur imposant une fonction de relais au sein de la lecture englobante du fonctionnement collectif qu'elle installe. En profondeur, les choses sont beaucoup plus complexes. Elle provoque leur métamorphose, suscitant par là de redoutables questions d'alliance ou d'association entre ces dimensions subordonnées et la dimension principale. Toute la complexité de la forme historique qui va finir par remplacer la forme religieuse est que, si l'orientation historique y est prédominante, elle doit s'appuyer sur une organisation du politique et sur une logique du droit qui possèdent leur consistance propre et avec lesquelles le mariage sera en permanence problématique.

Le fait central, dans ce redéploiement et cette redéfinition de soi sous l'effet de la production de soi, c'est la dissociation de la société, son émergence comme domaine distinct et spécifique. Elle fait époque. Elle est le signe annonciateur de la sortie de l'âge de l'Un ; elle marque le terme de l'immémoriale contrainte selon laquelle penser quelque chose comme une communauté humaine ne pouvait vouloir dire que saisir son principe explicite d'unité. Encore cette différenciation ne pointe-t-elle le nez que timidement, pour commencer, sous l'aspect d'une distinction aisément absorbable dans une unité supérieure. Dès cette timide entrée en scène, toutefois, elle comporte un ressort affirmatif tel que la différence ne va pouvoir que s'élargir. Le moment du progrès, au XVIIIe siècle, avait déjà contribué à donner un premier relief à la notion de société, en fonction de la nécessité d'appréhender le caractère collectif du perfectionnement de l'esprit, de ses productions et de ses retombées. Mais ce n'est véritablement qu'avec l'histoire proprement dite, avec l'idée d'un devenir générateur, que la société acquiert son statut d'entité de plein exercice, comme support et acteur de cet engendrement, comme son *sujet*. La perspective de l'historicité oblige à concevoir, à part des rapports d'ordre imposés d'en haut en vue de la conformité de la communauté à son essence et à la raison, un domaine des relations horizontales et spontanées entre les êtres, d'où naît le mouvement de l'ensemble. C'est ce nœud d'interactions établi antérieurement au lien politique que va désigner en propre la « société ». On pourra en préciser la notion en parlant de « société civile », suivant la distinction du droit civil et du droit politique élaborée par la Révolution française et consacrée par le Code Napoléon de 1804. La société est par excellence, en effet, la sphère de ces rapports pré-politiques entre les hommes que couvre le droit civil et qui regardent la famille, la propriété, le travail, les contrats. Ce qui confère son éminente dignité à cette sphère, c'est qu'elle est la base et la source de la dynamique collective. Il va de soi, aux yeux de Hegel, quand il introduit la notion dans son acception nouvelle, que la société civile ne se suffit pas à elle-même, qu'elle a besoin d'être couronnée et englobée par l'État qui la met en forme politiquement. Mais dans la mesure où sa distinction repose sur son identification comme matrice du devenir, identification d'abord tacite (chez Hegel), puis de plus en plus explicite (dès les années 1820, chez le jeune Auguste Comte, par exemple), elle va acquérir un relief et une consistance toujours croissante avec l'expansion de l'élément historique. Au point qu'elle va renverser sa subordination politique et s'asservir l'État comme son instrument représentatif. La secousse libérale de 1830, en Europe, constitue à cet égard un coup de semonce. Le déploiement de l'orientation historique va se confondre avec l'affirmation pratique de la *société* et avec la construction théorique de son concept. Chaque étape significative du basculement vers l'avenir va se traduire par un élargissement du domaine de fait de la société et par un approfondissement-remaniement de la notion. Ce développement de l'idée va s'effectuer selon deux lignes, d'un côté par accentuation de la différence de la société civile, dont la notion va non seulement rester mais prendre en importance, et, de l'autre, par élévation de la société au rang de totalité englobante, de notion compréhensive du collectif comme ensemble. Les équivoques et les difficultés du concept ont leur racine dans cette dualité constituante.

Intellectuellement et symboliquement parlant, cet avènement de la société est l'une des suites les plus considérables de l'entrée dans l'univers de l'histoire — de l'histoire qui se sait. Nous lui devons au premier chef une nouvelle idée de ce à quoi nous appartenons et de ce qui nous tient ensemble. C'est une acquisition dont nous oublions trop facilement le caractère récent, lorsque nous projetons allègrement notre catégorie de société sur le passé dans la totalité, tant elle s'est chargée d'une évidence irremplaçable. Nous ne nous connaissons vivre en société, dans la rigueur du terme, que depuis peu, depuis le XIXe siècle, et encore, puisque ce concept n'est pleinement dégagé et affirmé qu'à la fin du siècle et qu'en fonction de la conscience du devenir. Qui dit société dit dynamisme social. Les deux dimensions sont intimement corrélées au point qu'il est justifié de les accoupler dans la notion d'un seul élément à deux faces, le *social-historique* — l'histoire supposant une société pour la produire et le social ne se comprenant qu'en mouvement, ne s'entendant dans son essence que comme puissance d'historicité.

La société supplante le corps politique comme figure du collectif, avec des conséquences cognitives qu'il est capital de préciser. Elle implique, en effet, une idée profondément différente de la manière d'être du collectif. Le corps politique, dans sa redéfinition moderne, faisait jouer un rôle constitutif à la volonté, soit la volonté du pouvoir par laquelle existe et se maintient quelque chose comme une communauté ordonnée, soit la volonté des associés, dans le cadre contractualiste, par laquelle émerge une communauté artificielle et protectrice. Connaître le corps politique, dans un tel cadre, c'est penser ce qu'il doit être, conformément à son essence, à ses lois transcendantes ou aux raisons immanentes qui ont présidé à sa formation. Il n'y a de discours que normatif à son égard. Même la brèche ouverte par le réalisme machiavélien s'inscrit à l'intérieur de ces limites — si elle jette une autre lumière sur les devoirs du Prince, elle reste prise dans l'optique de ses devoirs. En quoi l'artificialisme moderne, si profondément qu'il brise avec l'idée ancienne d'une nature ordonnée ou par sa divinité intrinsèque ou par la sagesse extrinsèque de Dieu, se rattache ultimement à la même structure de pensée. Il en donne une tout autre version, mais il en reconduit, en dernier ressort, les présupposés. Car cette nature ancienne était de part en part finalisée. Son ordonnance ne relevait pas d'une objectivité indifférente. Elle exprimait la tension vers un bien suprême et elle assignait des buts aux créatures. Dans l'artificialisme moderne, cette finalité intrinsèque est prise en charge par la volonté humaine, mais elle demeure. Tout change, en revanche, avec l'introduction du point de vue de l'historicité. La perspective du devenir ramène en un sens la nature au-delà de l'artifice, mais une nature très différente de l'ancienne, une nature dynamique. En même temps que l'idée de devenir générateur introduit l'idée de société comme son corrélat nécessaire, elle donne à concevoir celle-ci sous le signe du fait, sous le signe d'un être-advenu dissocié du devoir-être. L'état présent de la société résulte d'un jeu de ses forces internes et d'une composition des entreprises de ses membres qui se situent au-delà de quelque dessein ou de quelque volonté des acteurs que ce soit. Même si la science détecte après coup la marche vers une fin au sein de ce processus, c'est une fin que personne n'a discernée parmi ceux qui en ont été les agents inconscients, et dont l'accomplissement ne se laisse appréhender que dans la lumière d'une objectivité impartiale. Le lien social lui-même, dans cette optique productive, ne peut être conçu comme le fruit d'une construction délibérée des acteurs ; il est forcément donné antérieurement à leur volonté. Comme la cohésion des collectifs ne résulte pas d'une institution réfléchie, mais d'une définition spontanée et obscure, leur architecture ne relève pas d'un ordre voulu, mais d'une organisation qui se développe de son propre mouvement et dont on ne peut établir les lois qu'une fois qu'elle est formée. Où l'on discerne comment l'historicité consciente change de fond en comble la pensée de l'être-ensemble, en scindant l'être du devoir-être. Elle entraîne l'ouverture d'un nouveau domaine d'objectivité ; elle suscite le projet d'une science sociale. Par où elle transforme également les conditions de l'action au sein de l'être-ensemble et sur l'être-ensemble. La possibilité d'une saisie objective de ce qui est ne disqualifie aucunement l'aspiration à ce qui doit être, dans le cas, elle la renforce, au contraire. Autant la science sociale relativise au passé le pouvoir de la réflexion et de la volonté des acteurs, autant elle ouvre des perspectives inouïes de maîtrise rationnelle au présent et au futur. Savoir de quoi la société est faite et comment elle s'est faite, n'est-ce pas se mettre en position de la commander en connaissance de cause, comme cela ne s'est jamais vu ? Davantage, n'est-ce pas accéder à un pouvoir de la faire qui serait infaillible puisque respectueux de la nécessité qui préside à sa constitution et à sa marche ? C'est à cause de ces promesses qui lui sont attachées que la science sociale ne sera jamais tout à fait une science comme une autre. Tous les savoirs scientifiques débouchent sur des pouvoirs pratiques. Mais il y va dans celui-là du pouvoir de changer la condition commune, de faire se rejoindre l'être et le devoir-être, de concilier l'objectivité de ce qui fut en s'ignorant avec la subjectivité de ce qui sera en se connaissant. Cela lui ménage une place à part.

L'émergence de la société : tel est, donc, le phénomène pivot de la reconfiguration du monde humain qui se produit sous l'effet de la réorientation futuriste de l'expérience collective. C'est ici, avec l'apparition de cette entité, que la coupure entre les Anciens et les Modernes achève de se consommer. Si profonde qu'avait été la rupture de l'État, si décisive qu'avait été la rupture du droit selon l'individu, elles n'étaient encore que peu de chose en regard de la rupture dans l'identité commune qu'introduit le social-historique. C'est bien plus, en effet, que la conception de l'être-ensemble qui se modifie en fonction de ce nouveau pôle, de cette nouvelle base, de cette nouvelle matrice du monde commun qui s'imposent à l'attention. C'est sa perception sensible, la façon de l'appréhender au quotidien, ce sont les conditions dans lesquelles s'y mouvoir et agir. De là ce sentiment aussi puissant que diffus, que l'on voit se répandre à mesure que le siècle avance, d'être passé dans un élément jusqu'alors inconnu, reléguant loin en arrière ce que l'humanité croyait connaître d'elle-même. Comme, par ailleurs, le mouvement des sciences conduit à faire ressortir l'originalité du vivant, caractérisé lui aussi par sa spontanéité dynamique et organisatrice, ce sentiment de nouveauté et de spécificité trouve dans le parallèle une caution de poids. La Vie, le Devenir, la Société : autant de dimensions jusqu'alors ignorées, qui sont celles où se joue la destinée de l'homme dans ce qu'elle a de plus propre. On aura à revenir sur les vicissitudes de cette analogie si tentante et si secourable, qui finira par se révéler à l'usage encombrante et trompeuse. Il fallait juste marquer, au passage, le rôle stratégique qu'elle a tenu dans la prise de conscience de renouvellement amené par l'irruption de l'entité « société ».

Pour avoir la pleine mesure de celui-ci, il est besoin de détailler davantage ses implications. La plus saillante d'entre elles a déjà été évoquée : elle regarde ses suites politiques. Mais il en est une autre, d'un relief au moins équivalent, qui requiert elle aussi d'être précisée. Elle concerne l'anatomie de l'entité nouvellement dégagée. L'installation de la société en position motrice est inséparable de déterminations précises relativement à sa composition et à ses articulations internes. Pas de différenciation de la société, en particulier, sans différenciation de l'économie au sein de la société. La représentation à un bout, la production et les échanges à l'autre bout : tel va être le grand écart constitutif de la société de l'histoire.

Qui dit surgissement de la société dit surgissement de *la* politique au lieu et place *du* politique détrôné de son ancienne prééminence ordonnatrice. La société n'a pas besoin du pouvoir pour se former ; elle existe indépendamment de lui ; elle s'unifie, se lie et s'organise de son propre mouvement. Mieux, sur le versant positif, cette fois, elle est le siège de ce qui compte véritablement dans l'existence collective : non pas sa loi immuable descendue d'en haut, mais sa libre invention dans le temps. Non seulement ainsi le pouvoir ne constitue pas la société, mais il ne peut qu'émaner d'elle et servir les fins supérieures dont elle est le réceptacle. Tel est le renversement, on l'a vu, par lequel l'orientation historique consacre la légitimité représentative. Elle ne l'invente pas, puisque le contractualisme lui avait donné ses lettres de noblesse, depuis Hobbes, mais elle lui confère une autre teneur et une autre justification. D'une part, elle la suspend à la dissociation du social et du politique, à l'opposé de la représentation de l'unité des volontés contractantes ; d'autre part, elle l'appuie sur la création collective du devenir, non sur les droits personnels des contractants. Ce ne sont pas directement les individus en tant que tels qui sont à la base de la représentation, mais leur société se faisant — laquelle société est composée d'individus, certes, mais d'individus considérés en tant qu'acteurs historiques, et pas seulement d'individus. Il importe de souligner le point, parce qu'il sera la source des permanentes équivoques entourant le principe de représentation. Il est pensé spontanément dans le langage des droits individuels ; c'est le langage qu'empruntera la revendication de son élargissement en suffrage universel. Or il relève, en réalité, d'une autre origine ; il est porté par autre chose ; il sourd des exigences du travail collectif en vue du futur, de telle sorte que les deux ordres de considération ne cesseront d'interférer. Le gouvernement représentatif des Modernes est inhérent à l'univers de l'histoire. Il ne se conçoit bien qu'à cette lumière dans ce qui le fonde et le fait fonctionner.

La politique advient et s'installe dans l'intervalle qui se creuse entre la société et le pouvoir chargé de la représenter. Elle a pour fonction de relier les deux pôles. Le politique se présentait comme ce qui donne forme à la communauté en s'imposant à elle du dehors et du dessus. Fille du renversement libéral, la politique va se présenter comme l'activité appelée par l'antériorité de la société et la constitution du pouvoir qui en découle. Car la représentation, dans l'univers historique, est forcément un travail et un processus. Elle ne s'arrête pas à la désignation périodique des gouvernants et à leur contrôle — après tout, il y avait des monarchies électives. Elle est inséparable d'une délibération sur les choix qui s'offrent à la collectivité, compte tenu de sa situation dans le temps, des échéances qui se présentent à elle et des espérances qu'elle nourrit pour l'avenir. L'élection des représentants et la discussion des actes du gouvernement sont l'occasion d'un travail de connaissance à multiples facettes. Il commence très prosaïquement avec la mise en lumière de la diversité d'intérêts à l'œuvre au sein de la société ; il se prolonge dans l'identification du moment et de ses problèmes, avec le repérage des mouvements et des forces qui les déterminent ; il s'élève jusqu'à la réflexion sur la nature du devenir et les buts qu'on peut lui assigner. La politique représentative va de pair avec le développement d'un discours social d'un genre nouveau, composite, si ce n'est hétéroclite, appelé par ce déchiffrement de soi dans la durée et mêlant ses différentes composantes, des plus hautes considérations sur le sens de l'histoire aux plus triviales injonctions du court terme. Un discours insaisissable en son omniprésence protéiforme et en sa bigarrure, qui va finir par recevoir le nom d'*idéologie*. La politique représentative est, en effet, une politique d'idées, et d'idées de plus d'une sorte. Il est de sa nature de mettre aux prises des doctrines, des programmes, des projets, prétendant s'appuyer sur la science et mobilisant des croyances. La justification des choix du présent s'étaye toujours, peu ou prou, sur l'explication du devenir et sur la foi dans l'avenir, les impératifs de persuasion de la compétition électorale eux-mêmes associant volontiers l'autorité du savoir et le prestige de la prophétie aux ressorts passionnels. L'espace public apparu au XVIIIe siècle au titre de la diffusion des Lumières et des progrès de la raison trouve dans cette confrontation des interprétations de l'histoire se faisant sa place et sa nécessité définitives. Il est le cadre que suppose le gouvernement du devenir, qui ne peut être qu'un gouvernement par discussion. La politique selon la représentation fait du pouvoir une scène où la société se représente elle-même dans son processus d'invention.

La question est de savoir, à partir de là, si le développement de la politique entraîne la disparition du politique. En perdant sa primauté définitionnelle ancienne, celui-ci perd-il aussi sa raison d'être, comme on serait tenté de le croire au premier abord, ses restes visibles ne constituant que des survivances destinées à se résorber progressivement dans la politique ? Il y aurait eu l'âge du politique, au service de l'altérité religieuse ; après quoi s'ouvrirait l'âge de la politique, au service de l'immanence sociale et de la dynamique historique. Toute l'intelligence de notre monde dans son expansion et ses vicissitudes depuis deux siècles se joue sur la réponse à cette question. On ne saurait trop en dramatiser les termes, étant donné la confusion qui l'entoure et les effets de la méconnaissance dont elle fait ordinairement l'objet.

La vérité, soutiendra-t-on ici, est que, si le politique passe sous la commande de la politique, il ne s'efface pas pour autant. Au contraire. Il gagne en fonctionnalité ce qu'il perd en éclat symbolique et en primauté explicite. Il change de statut — entendons, de nouveau : il commence à changer de statut, entre 1815 et 1848, dans un lent mouvement de métamorphose qui va se poursuivre jusqu'à nous et qui n'est toujours pas achevé.

Il passe au second plan, il glisse dans l'invisible, mais il prend en importance, en fait, en s'enfonçant de la sorte dans les profondeurs. Il ordonnait d'en haut, il se met à structurer par en bas. Il se donnait ostensiblement pour la clé de voûte de l'existence collective, il devient en pratique le pourvoyeur de son cadre, mais de manière implicite. On surestimait son rôle, pourrait-on dire, qui était plus symbolique que réel. On va se mettre à le sous-estimer, à mesure qu'il va devenir plus réel que symbolique — ou, plus exactement, à mesure que sa fonction symbolique va s'enfouir et se cacher dans les plis de fonctions réelles faussement tenues pour prosaïques. Le déploiement de la politique s'appuie sur le passage du politique en position d'instituant implicite. Il n'est plus déterminant, il ne dit plus ce que la société doit être, il la laisse libre de définir son organisation, mais il lui est plus que jamais indispensable en lui fournissant la structure où peut s'exercer cette liberté. C'est ce dédoublement qui fait l'obscurité de la chose politique au sein de notre monde. Si la politique commande, le politique ne cesse d'interférer secrètement avec elle ; il la charge de demandes et de missions qui ne sont pas dans son programme officiel et qui brouillent l'accessibilité qu'elle revendique au titre de la représentation. Le partage des exigences la rend insaisissable pour ses acteurs mêmes.

Le premier signe de cette métamorphose qui conserve le politique en l'enfouissant sous la politique est fourni, du reste, par la décantation de la forme État-nation à la faveur du renversement libéral. On a croisé déjà les prémisses du phénomène en relevant au passage combien le réinvestissement conservateur de l'État et de son autorité englobante, contre l'atomisme abstrait des révolutionnaires, avait contribué à en dégager et à en moderniser le concept. L'État historique, pénétré du savoir de ce qui se joue dans le devenir, échappe à la double difficulté qui rendait la notion difficile à asseoir depuis son apparition, au début du XVIIe siècle : ou bien la dilution par en haut, dans la représentation du divin, ou bien la dilution par en bas, dans l'union des volontés instaurant le corps politique. L'État immanent, en lequel se pense le processus historique, devient concevable dans son essence distincte et sa fonction abstraite. Cette clarification franchit un pas de plus, et un pas décisif, avec le renversement libéral. La dissociation de la société civile, l'établissement de sa primauté et l'assimilation du pouvoir à son émanation représentative achèvent de conférer à l'État sa place à part, sa neutralité essentielle et son anonymat instrumental, abstraction faite des personnes désignées temporairement pour le conduire.

Corrélativement, la Nation se dégage comme son double, comme l'entité politique dont l'instance étatique est l'instrument représentatif. Il y avait bien eu la Nation des citoyens, surgie en 1789 en face de l'État royal qui prétendait indûment l'incorporer et parler en son nom. Mais, de par ses conditions d'émergence, elle n'avait jamais réussi à être autre chose que le corps politique en acte, un souverain à la Rousseau, tendant à absorber tout pouvoir en lui et rendant impensable, de ce fait, l'État dont il s'agissait de se saisir. D'où le retour du refoulé, avec Bonaparte, d'où la résurgence de l'État, et d'un État prétendant contenir la nation en lui, sur l'ancien mode. Ce n'est que dans l'élément historique, grâce aux conditions politiques de la Restauration, de l'intérieur du dialogue représentatif entre le pays et le pouvoir royal rétabli, que la Nation va acquérir son épaisseur et son identité propres. Son affirmation politique se confond avec sa construction comme entité historique, dans la France des années 1820. Si la Nation est le véritable titulaire de la souveraineté, ce n'est pas simplement en tant que corps politique actuel, mais en tant qu'œuvre des siècles, en tant que produit des efforts et des luttes du passé. En faisant ressortir la profondeur temporelle du processus d'autoconstitution caché derrière les batailles du présent, les historiens apportent l'argument le plus puissant qui soit à l'encontre des vieilles prétentions autoritaires à une légitimité extrinsèque et surnaturelle, et en faveur du gouvernement par représentation d'une société libre. La Nation est précisément cet être collectif qui s'est forgé obscurément au travers du devenir et qui prend aujourd'hui conscience de ses droits en la personne de ses membres actuels. Il ne saurait y avoir de pouvoir légitime qu'exercé au nom de cette personne commune en création continuée, et que procédant, par conséquent, de la communauté des présents-vivants où se poursuit son invention. La Nation politique, forte de sa transcendance temporelle, vient à la rescousse de la revendication du corps social de voir son labeur pris en compte. C'est cet ancrage national du régime représentatif que confirme et parachève la « révolution des historiens » de 1830. Mais l'effet de la pénétration du point de vue du devenir est général. Les « nationalités » se dressent un peu partout en Europe, éveillées, suscitées, confortées par le dévoilement de cette puissance de se faire qui appelle la puissance de se gouverner.

Le point est encore inchoatif et confus, en 1830, mais on commence à deviner la place que va tenir le politique sous et au-delà de la politique. Au-dessus, croissant en importance et en visibilité, la société et le gouvernement qui la représente ; au-dessous, la doublure structurante de la Nation et de l'État, la Nation qui garantit l'identité à soi de la société de changement et l'État qui assure la pérennité de la prise sur soi du corps politique au milieu de la rotation des gouvernants — une doublure qui remplira un rôle d'autant plus crucial qu'elle est repoussée dans l'implicite par la vie politique explicite. Ce qui rend le phénomène extraordinairement difficile à démêler, c'est que l'on a affaire à une transition, où l'ancien et le nouveau se croisent et s'interpénètrent dans des équilibres subtils. Le politique ne descend qu'avec une majestueuse lenteur de son piédestal transcendant, comme la politique n'élargit que petit à petit sa sphère d'influence, tout en empruntant la vêture de ce qu'elle supplante. Dieu sait que les gouvernants les plus libéraux ne se priveront pas de s'envelopper dans l'autorité de l'État et de requérir l'allégeance à la

Nation. L'imposition autoritaire et l'appartenance obligée auront encore de beaux jours devant elles. Ce sont ces échanges et ces mélanges qu'il faut apprendre à déjouer si l'on veut cerner l'inflexion capitale de la courbe du politique qu'enclenche le renversement libéral. En lui ôtant son ancienne splendeur, il lui ouvre une nouvelle carrière, il le met en mouvement pour une expansion souterraine sans précédent. Sous couvert de sa secondarisation au sein de la société de l'histoire, le politique y déploie en fait sa vérité moderne. On aurait pu croire que son âge d'or avait été cette période de trois siècles où, de Machiavel à Hegel, délié du religieux, il resplendissait dans sa force solitaire de commandement. En réalité, il ne s'agissait que d'un éclat d'emprunt, dérivé du rayonnement des dieux, qui ne laissait pas augurer le rôle effectif auquel le politique était promis dans le monde d'après la religion. Son âge d'or commence bien plutôt avec sa décantation sous les traits de l'État-nation à l'âge de l'histoire. Il y trouve le ressort d'un développement décisif, dont la modestie prosaïque ne doit pas abuser. Il se charge d'une fonction qui va en faire, non plus la clé de voûte ostensible, mais la forme sous-jacente et l'infrastructure cachée de l'établissement humain : la production pratique de l'unité et de l'identité collectives. Il devient un contenant dont l'étayage tacite libère l'expression dynamique du contenu social-historique. La cohérence qu'il apporte permet à la mobilité, à la conflictualité, à la diversité, à l'hétérogénéité de se manifester. Il constitue en cela le pivot de la sortie de la religion dans sa dernière phase : la sortie de l'Un religieux. Ce que la religion visait à produire au moyen de l'unité des esprits, il le produit au travers de l'aménagement de l'espace et du temps, de la possession et de l'ouverture du territoire, de l'appropriation et de l'accessibilité du passé, de la mise en relation des êtres, pour n'évoquer que les voies de l'unification concrète du monde commun qui commencent à acquérir un développement significatif autour de 1830. On les verra bientôt se démultiplier. De l'Un religieux à l'Un politique : tel est le passage secret qui conditionne l'originalité de notre univers.

De même que l'orientation historique relance le déploiement du politique, tout en paraissant l'enterrer au profit de la politique, de même remet-elle en selle l'individu de droit, tout en paraissant le dissoudre dans les masses. Une société qui se produit elle-même ne peut être composée que d'acteurs, qui ne peuvent être eux-mêmes que des individus, encore que leur action ne s'exerce qu'en masse. Le devenir va se révéler à la fois collectiviste et individualiste. Ce sera l'une de ses autres ambiguïtés remarquables. On a vu comment, dans un premier moment, la conscience historique fournit à la critique conservatrice son plus puissant argument contre l'atomisme abstrait du droit naturel. Le devenir réabsorbe dans son cours l'individu qui s'était trop vite cru émancipé, comme il le réincorpore au sein de l'État rétabli dans sa majesté ordonnatrice. Le renversement libéral, en même temps qu'il défait cette restauration illusoire de l'antériorité de l'État au profit du gouvernement représentatif, redonne droit de cité à l'individu. Il le réhabilite dans ses prétentions légitimes au titre de l'histoire qui l'avait fait d'abord condamner. Mais il faut bien prendre garde au renouvellement des motifs. Le renouement de continuité apparent avec le droit naturel est porté, en réalité, par une inspiration profondément différente. Il procède de la logique du devenir. C'est l'historicité qui va constituer désormais l'élément nourricier de l'individualité et qui va présider à la détermination de sa place et de ses prérogatives. Ses hauts et ses bas seront à apprécier à cette aune. Rien à voir avec un contractualisme retrouvé. On est dans un autre univers de pensée. C'est en tant que membre d'une société civile autonomisée au titre de son dynamisme qu'il recouvre un appareil de droits. La société de l'histoire sera une société des individus pour ses motifs propres. La séparation de la société civile demande à être protégée contre les empiétements du pouvoir et ses prétentions abusives à la conduire. Cette liberté collective ne peut être assurée qu'au travers de la garantie de l'indépendance des individus qui la composent et la font vivre, à commencer, donc, par leurs libertés privées, d'opinion, de propriété, d'initiative, et pour continuer par les droits politiques qui les confortent en obligeant les gouvernants à les prendre en compte.

Le résultat peut paraître plus ou moins le même, mais il est essentiel, toutefois, de saisir cette dérivation. Elle explique beaucoup des traits singuliers de la vision libérale de la liberté, des débats auxquels elle a donné lieu et de la trajectoire des droits qu'elle a consacrés. Elle permet de comprendre, par exemple, cette chose si peu intelligible rétrospectivement qu'est la restriction censitaire du suffrage, dont la possibilité de principe est allée longtemps de soi, pourtant, aux yeux d'esprits rigoureux et libres de préjugés « bourgeois ». C'est que les droits politiques ont beau être personnels, ils n'en sont pas moins attribués en fonction de l'intérêt de l'ensemble et subordonnés à lui dans leur définition. L'individu libéral est conçu à partir de son appartenance et de son existence concrète, avec les limitations qui peuvent en résulter. Au demeurant, l'élargissement du suffrage jusqu'à l'universalité (masculine) ne sera pas seulement guidé par des considérations de principe. Il sera largement inspiré, même si c'est de façon diffuse, par des considérations d'utilité collective. La place donnée à l'individu et à ses droits ne sera pas séparable du statut d'acteur historique et de contributeur au devenir qui lui sera reconnu. D'où, également, l'équivoque de ces libertés privées que l'individu conquiert en tant que travailleur, inventeur, entrepreneur ou explorateur du futur : en même temps qu'elles justifient son repli sur ses intérêts singuliers ou sur son domaine personnel, elles bénéficient d'une légitimité publique.

Mais, parallèlement à cette individualisation, le point de vue du devenir a pour effet de relativiser radicalement la portée de l'action individuelle. « Ce sont les masses qui font l'histoire. » L'expression par excellence de l'idée va être fournie par la critique des anciens historiens qui ne prêtaient d'attention qu'aux faits et gestes des rois et des grands, alors que c'est le grand nombre des obscurs, des sans-grade et des humbles qui assure la marche du monde. En un mot, ce n'est pas de la politique qui se voit que dépend le cours de l'histoire, mais des forces sociales à l'œuvre dans l'ombre. Le peuple, le tiers état, Jacques Bonhomme et ses frères paysans : voilà ses véritables héros, ses auteurs authentiques. Mais le propos vaut au présent, avec de grandes conséquences pratiques. L'action historique est par essence collective ; elle est le fait des masses, des classes et des groupes sociaux ; elle requiert de canaliser leur force inconsciente et d'organiser leur dynamique spontanée. La société de l'histoire, la société qui entend faire son histoire va être prise, ainsi, dans une dialectique indéfinie de la spontanéité collective et de l'organisation délibérée. Si elle cesse d'être une société organique, une société de la statique des corps, c'est pour devenir une société de la dynamique des groupes — les uns formés d'eux-mêmes, selon des déterminismes extra-individuels, les autres issus d'un groupement volontaire, à partir de la prise de conscience par les individus de leur situation et de leurs intérêts. Mais cette valorisation du groupe, du social effectuant, du collectif en marche n'est que l'un de ses versants. Elle oscille entre la réalité des masses et la vérité de l'individu, les deux étant également postulées par son fonctionnement. D'où la diversité contradictoire de lectures et d'approches dont elle est susceptible ; d'où la cacophonie interprétative qu'elle sécrète, dont on ne peut sortir qu'en remontant à la racine commune d'où procèdent ces versions opposées. L'oscillation se répercutera en une incertitude lancinante à propos de la représentation. Que convient-il de représenter : les individus ou les groupes ? les citoyens abstraits ou les hommes concrets, c'est-à-dire liés ? la poussière des droits personnels ou la réalité des forces sociales ? La querelle est sans issue, tant les deux faces sont inhérentes à l'existence selon l'histoire.

L'anatomie de la société civile émergente ne se limite pas, cela dit, à la reconnaissance des acteurs et à la promotion des groupes. Son autonomisation dynamique implique, en outre, la différenciation de l'économie en son sein. La dissociation du politique et du social va de pair avec la dissociation du social et de l'économique. Elles sont intimement associées. La constitution du domaine de la production et des échanges en un secteur séparé à l'intérieur de la société dépend de l'orientation historique. Elle ne relève pas d'une croissance naturelle des forces productives ou d'un développement endogène du capital. Elle est un phénomène structurel corrélé au basculement de l'expérience collective vers l'avenir. La société qui entend se produire elle-même est une société qui laisse se former en elle un domaine distinct de la production et des rapports de production, et qui s'en remet, d'une certaine manière, à lui. Un domaine qui va dès lors constituer à la fois le moteur de son dynamisme, dont elle ne peut se passer, et le tyran interne qu'elle n'aura de cesse de chercher à maîtriser. Pour se changer, elle se voue à un malin génie qui la change malgré elle, qui la violente, qui lui impose sa loi au point de la déposséder de son gouvernement d'elle-même. D'où le sentiment d'une insupportable aliénation et l'exigence d'une réintégration de cette puissance satanique au sein de l'ensemble social et sous le contrôle collectif. Et, pourtant, on en revient toujours à l'incontournable nécessité de ce périlleux détour, où l'extériorisation par rapport à soi apparaît comme la condition d'une saisie plus profonde. Il n'y a pas d'autre choix, s'agissant de l'invention de soi, que de passer par le déchaînement de ces forces anonymes et automatiques. Leur jeu détient les clés de la ressaisie de soi promise du futur. On ne peut comprendre l'importance démesurée acquise par l'expansion matérielle, dans le cadre de notre monde, hors du dispositif de l'historicité. La signification de l'économie ne s'éclaire que par là.

On ne prétendra pas épuiser le sujet en quelques lignes, mais juste indiquer les perspectives principales qui découlent de cette réinscription de l'économie dans le cadre de la société de l'histoire, en tant que moyen de l'autonomie à la réalisation de laquelle elle s'attache. L'économie, dans sa coagulation finale du XIXe siècle, est issue de la mise en relation de trois séries indépendantes : l'individu, l'industrie et le marché. L'industrie, c'est-à-dire la conjugaison de la technique et des sciences expérimentales de la nature dans un système de travail supposant à la fois les individus et l'organisation des individus. Le marché, c'est-à-dire la création d'un système de rapports entre les êtres — des êtres qui ne peuvent être que des individus — à partir de l'abstraction monétaire. C'est sur ces deux systèmes, sur les significations qui s'y trouvent investies, sur leur raison d'être, que je voudrais plus particulièrement insister.

L'industrie introduit un nouveau rapport avec la nature inséparable d'un nouveau rapport entre les êtres. Louis Dumont parle, pour caractériser l'idéologie économique, d'un primat de la relation aux choses qui se substitue au primat de la relation entre les êtres[1]. La formule est suggestive, mais incomplète. Cet ancien primat de la relation entre les êtres est en fait le primat d'une relation de *dépendance* entre les êtres solidaire d'une relation de dépendance envers la nature. Double dépendance qui est à replacer dans le cadre de l'Un religieux. Ce qui compte en priorité, c'est ce qui tient les êtres ensemble, en les subordonnant les uns aux autres, en fonction de leur ultime assujettissement à tous envers la surnature. Cette subordination qui les unit a simultanément pour effet de les inclure dans la nature. Ils en sont à la fois une partie et ses obligés puisqu'ils sont soumis à son bon vouloir pour leur subsistance, par où se confirme leur condition de dépendants. C'est ce système de l'assujettissement qui achève

---

1. Cf. Louis DUMONT, *Homo aequalis. Genèse et épanouissement de l'idéologie économique*, Paris, Gallimard, 1977.

de se défaire avec l'histoire. L'humanité se fait elle-même, l'industrie apportant son vecteur matériel à cette autonomisation, en lui permettant de produire ses propres conditions de subsistance et son propre milieu, grâce à un rapport direct avec la nature. Une autonomie purement politique et législative eût pu rester compatible avec l'immersion dans l'ordre naturel et la soumission à ses aléas. L'autonomie des Modernes va autrement plus loin que la définition de la loi sociale. Elle se concrétise dans une extériorisation par rapport à la nature, et dans une puissance sur soi qui se conquiert à la base au travers d'un pouvoir transformateur sur les choses. Ce n'est pas tant un primat de la relation avec les choses qui s'établit que la possibilité d'un rapport immédiat avec les choses, entendons un rapport dégagé des rapports sociaux où il s'inscrivait.

Si curieux que cela puisse sembler, en effet, pour ces sociétés immergées dans la nature, le rapport aux choses était toujours médiatisé par le rapport entre les êtres, il n'était possible que de l'intérieur de lui, en fonction de cette association même. D'où les limitations de principe qu'y revêtait l'emprise sur les choses. La sortie de l'obéissance à la surnature, telle qu'elle culmine dans la conscience du devenir et du pouvoir de se faire, amène avec elle la désolidarisation d'avec le domaine naturel. Elle jette l'homme seul au milieu des choses. Elle extériorise leur connaissance et leur exploitation des liens de société, pour en faire à l'opposé des attributs constitutifs de l'acteur singulier. C'est un aspect capital du processus d'individualisation, que nous avons envisagé jusque-là sous le seul angle du droit et de la fondation du lien politique. Il comporte en outre un aspect pratique, résultant de ce rapport nu avec la nature. L'homme devient individu au travers de l'activité par laquelle il explique les phénomènes et de celle par laquelle il agit sur eux. Il n'est de science, dans l'acception moderne du terme, que du point de vue de l'individu, et il faut en dire autant du travail, compris comme l'action qui se propose non seulement d'utiliser la nature, mais de la transformer à partir de la connaissance de ses lois. Pour le dire autrement, l'individu se découvre individu, dans le monde moderne, en tant qu'il agit directement sur les choses et pour son compte, à la racine, et qu'il se les explique, ultimement, par ses propres moyens — si la raison est universelle dans ses résultats, elle est individuelle dans son effectuation.

C'est délié de ses pareils que l'homme aborde le monde qui l'entoure. Cela ne veut pas dire qu'il y a un primat du rapport aux choses, mais que c'est sur la base de cette individualisation primordiale du rapport aux choses, tant dans la connaissance que dans l'action, que l'homme va nouer, désormais, des rapports avec ses semblables. La déliaison n'est qu'un moment du processus. Elle ne fait pas de l'homme moderne un Robinson, même si c'est l'une des fictions les plus révélatrices que la nouveauté de sa condition ait suscitée (le roman de Daniel De Foe, rappelons-le, date de 1719). Ce sera même le contraire. Il n'y aura pas plus socialisé, dès à commencer par la science et le travail. La force des liens sera d'autant plus intense qu'ils engagent des individus les uns vis-à-vis des autres. Car le même homme ne va pas tarder à découvrir, d'autre part, que l'action transformatrice qu'il mène sur la nature en tant qu'individu a pour conséquence de le modifier lui, en tant qu'être social. Il se fait collectivement en travaillant individuellement. Il édifie le monde commun qui le tient avec ses pareils, un monde qui relève non pas de la nature, mais de l'artifice, et qui change culturellement en se transformant matériellement. C'est cette découverte qui débouche sur la prise de conscience de l'historicité et dans le dessein dont elle est inséparable de rendre délibérée cette production jusque-là inconsciente, une production de soi dont on voit comment elle est associée à la production des choses. Fabriquer des biens, c'est induire des liens entre les êtres, c'est changer leurs rapports entre eux en changeant l'environnement matériel où ils évoluent. L'action sur la nature construit le monde humain, lequel s'humanise, en fait, en s'artificialisant — moins il est pris dans la nature, plus il s'en disjoint, plus il est bâti artificiellement et défini techniquement, et plus il est proprement humain. D'où l'explosion du fait urbain dont se double le déploiement de l'action collective en vue du futur ; d'où, surtout, la redéfinition de la ville comme un milieu intégralement artificiel, tissé par les réseaux techniques, qui accompagne, à compter des années 1850, le basculement sans retour vers la production de l'avenir. Mais, au-delà de la ville, qui ne constitue que le concentré du phénomène, c'est l'espace social tout entier qui est concerné ; il s'agit de l'aménager de part en part comme une anthroposphère. La société qui se pense et se projette dans la durée est une société qui construit son propre univers extra-naturel, qui se donne ses bases et son environnement, avec les problèmes majeurs qui vont finir par en résulter — on les retrouvera plus loin. C'est en cela que l'industrie est au cœur de son invention d'elle-même, en sa puissance de redéfinition de l'ensemble de ses éléments selon l'artifice.

Il est également clair, dans un tel cadre, que le travail, s'il est individuel dans son fondement, est social dans son expression. Il ne prend sa pleine signification qu'inséré dans l'ensemble des travaux qui conspirent à l'invention collective. Son isolement de principe ne l'empêche pas de n'exister effectivement qu'au travers de sa combinaison avec d'autres. Il faut parler, en ce sens, d'un système du travail social. D'où les débats difficiles et obscurs qui vont s'ensuivre quant au statut de ce travailleur, l'intérêt de la perspective proposée étant justement, peut-être, d'y jeter quelque lumière. On y retrouve typiquement la dialectique de l'individu et du groupe déjà croisée. Comment consacrer le travailleur dans son utilité collective, et donc comme membre d'une organisation, d'une communauté de travail, tout en le reconnaissant dans son individualité ? La logique de l'individualisation ouvre une carrière légitime à l'initiative ; elle justifie la démarche de l'entrepreneur, y compris sa mobilisation d'autres individus, *via* le marché du travail, autre conséquence de l'individualisation, au service d'un dessein qui prend une dimension collective en devenant une entreprise. Là où la difficulté et le conflit se déclarent, c'est que la dépendance du salarié envers le patron qui en découle heurte foncièrement, elle, en revanche, l'indépendance dont le travailleur est légitimement fondé à exciper en tant que travailleur. Faut-il en revenir, dès lors, à une libre fédération des producteurs indépendants ? Faut-il ériger l'entreprise en collectif autogéré ? Ou n'est-ce pas seulement dans le cadre d'une collectivisation générale des tâches que l'équilibre entre le service de tous et la liberté de chacun peut être trouvé ? C'est sous la pression de ces alternatives imaginaires, mais expressives, que le statut du salariat finira par trouver tant bien que mal son assiette, comme le statut de l'agent approprié à une société de travail, une société où le travail est forcément démultiplié en une multitude d'unités organisationnelles. C'est l'introduction du tiers social dans le face-à-face entre l'employeur et l'employé qui permettra de stabiliser le dispositif. En faisant bénéficier l'agent de l'anonymat du travail général au milieu et au-delà de ses fonctions particulières, elle définit un point d'équilibre entre l'appartenance qui l'oblige et l'indépendance que son labeur même le fonde à revendiquer. Il travaille pour son patron, mais il reste libre vis-à-vis de lui, d'abord parce qu'il ne vend que son travail et, ensuite, parce que celui-ci participe d'un processus plus vaste qui engage le sort de la collectivité entière. Voilà comment le salariat a pu devenir le statut normal et espéré de l'agent économique au sein de notre monde, après avoir représenté l'ultime visage de l'oppression à abolir, durant un grand siècle de mouvement ouvrier, la figure moderne de la sujétion, après l'esclavage antique et le servage médiéval, que la tâche révolutionnaire de l'époque était de dépasser.

Second système à considérer, ou second angle sous lequel envisager le système des sociétés modernes : le marché. Le marché est l'autre double concret de l'individualisme abstrait. L'individu de droit devient un être de l'échange en un nouveau sens, de la même façon qu'il devient un être de travail dans son rapport avec la nature. L'industrie désigne le système des liens qui s'établissent avec ses pareils sur la base du travail individualisé ; le marché désigne le système des rapports qui se nouent à partir de l'individualisation de l'intérêt. Ce qui se traduit, par un côté, dans l'établissement d'une relation transformatrice et productive avec les choses se traduit, par l'autre côté, dans l'instauration d'une relation calculatrice et indirecte avec ses semblables. Dans l'un et l'autre cas, il faut bien voir qu'il s'agit de l'envers pratique de ce que l'on appréhende plus communément dans le langage de l'idéal juridique. Le citoyen, l'individu du contrat social, est par ailleurs et inséparablement un travailleur et un marchand. À partir du moment où il est admis que le lien politique ne peut être que le fruit d'un pacte entre les individus libres, il s'ouvre un autre domaine des relations volontaires entre les êtres. Le même individu détaché est en outre un être de besoins qui, pour satisfaire ceux-ci, a besoin des autres. Son isolement de principe l'autorise à envisager cet échange nécessaire sous l'angle d'un pur calcul de son intérêt, abstraction faite de toute autre considération dans le rapport avec ses partenaires — se procurer au moindre coût ce dont il a besoin, tirer le meilleur prix de ce dont il dispose. Ce calcul intéressé est ce qui signe son individualisation. D'autant plus lui est-il loisible de s'y livrer qu'il existe un instrument opérant de lui-même cette neutralisation des rapports interpersonnels, à une échelle susceptible de s'élargir indéfiniment : l'instrument monétaire. Il vient de loin, il n'est pas créé pour l'occasion, mais c'est avec cette individualisation des échanges que sa fonction d'équivalent général va donner sa pleine mesure. Puisqu'il n'est rien qui ne puisse être évalué à son aune, de près ou de loin, il contient en germe la possibilité d'une sphère autorégulée, dont il est le terme médiateur central, le convertisseur universel, et à l'intérieur de laquelle les agents peuvent tous se rapporter les uns aux autres à propos des choses que les uns détiennent et que les autres désirent, dans un jeu ouvert et anonyme. Cette potentialité structurelle, inscrite dans l'instrument même, restait étroitement limitée dans ses expressions tout le temps où les rapports sociaux étaient définis selon une norme extrinsèque, à base d'appartenance communautaire et d'attache hiérarchique. Elle va trouver à s'épanouir avec l'apparition du point de vue de l'individu, auquel elle va offrir en retour un puissant moyen de se confirmer et de se concrétiser. De même que la médiation technique avec la nature — l'outil — était là depuis l'aube de l'humanité, tout en ne jouant qu'un rôle subordonné, et ne prend son essor sous la forme de machinisme industriel qu'avec l'individualisation du travail sur la nature, de même la médiation monétaire entre les êtres, à l'œuvre depuis vingt-cinq siècles, ne libère les ressources immenses dont elle était virtuellement porteuse qu'avec l'émergence du citoyen, de l'être primordialement indépendant en droit. Elle autorise le déploiement d'un système de rapports entre les acteurs où ils sont à la fois liés et déliés, étroitement attachés les uns aux autres par les services qu'ils se rendent et même dépendants les uns des autres, mais cela tout en demeurant parfaitement indifférents les uns aux autres et libres de poursuivre chacun leur intérêt personnel et leurs fins privées. L'expansion du système ne soulève pas de problème tout le temps où cette désimplication mutuelle fonctionne ; il en va autrement, en revanche, lorsqu'un facteur personnel entre en ligne de compte. Or c'est forcément ce qui se passe avec le marché du travail et le contrat de travail : vendre son travail, c'est se vendre soi-même en quelque manière, et non pas vendre une chose, et c'est se mettre aux ordres d'un employeur. L'impersonnalité promise par le système rendra les réalités de cette implication et de cette subordination d'autant plus insupportables.

Le domaine marchand va constituer ainsi l'autre face du domaine politique et son pendant exact — ils représentent l'endroit et l'envers de la société des individus. Dans le domaine de la politique, les rapports entre les personnes publiques, les citoyens, sont directs et ils sont à eux-mêmes leur propre fin ; dans le domaine marchand, les rapports entre les acteurs privés sont indirects, ils portent sur les choses, ils passent par l'intermédiaire de l'argent et ils sont au service de l'utilité de chacun. Le domaine de la politique est le domaine de la volonté. Il a pour objet la définition des règles auxquelles la communauté entend se soumettre et des orientations qu'elle doit se proposer. Le domaine marchand est le domaine de la régulation spontanée, de l'ajustement automatique entre des acteurs qui n'ont pas à se préoccuper de ce qui les met en rapport les uns avec les autres, mais seulement des effets de composition qui résultent de leurs interactions. Le domaine de la politique est idéalement le domaine où chaque citoyen est appelé à se dépouiller de lui-même pour s'identifier au point de vue de l'ensemble et prendre en charge la gestion de la chose collective. Le domaine marchand est idéalement le domaine où chaque personne privée est requise de ne penser qu'à elle-même, l'efficacité globale devant résulter de la poursuite de leur intérêt bien entendu par les individus.

Ce que ce tableau délibérément schématique vise à faire ressortir, c'est la complémentarité et la solidarité des deux domaines. L'un ne va pas sans l'autre, et il est vain de vouloir dissoudre l'un dans l'autre ou d'éliminer l'un au profit de l'autre. Là où la place des individus est reconnue, il existe entre eux une sphère des rapports politiques, où il y va de la construction de leur monde en commun, et une sphère des rapports marchands, où chacun d'eux est libre de maximiser la coexistence avec ses pareils à son avantage. On ne résorbera pas le choix politique dans les arbitrages du marché, pas plus que l'on ne parviendra à fondre le calcul individuel dans la décision collective. Ce sont deux expressions irréductibles du lien interindividuel dès lors que celui-ci est défini sur la base de la liberté de ses protagonistes.

Mais ce qui est vrai de la politique, dont on a vu comment elle est soutenue souterrainement par le politique, est encore plus vrai du marché. Il n'existe que par l'appui sous-jacent de la forme État-nation (c'est-à-dire de la pluralité de principe des États-nations). Il est par excellence ce qui suppose l'étayage d'un tel cadre, puisqu'il repose sur l'exploitation d'un lien entre les acteurs qu'il ne se soucie pas d'entretenir ou de perpétuer — s'il peut se permettre de le tenir pour acquis, c'est qu'il est institué par ailleurs. Son illusion constitutive est de reposer sur la nature, mais sa réalité est d'être un produit de l'artifice. Il représente même l'artifice suprême qu'une société puisse se permettre, celui d'autoriser ses agents à ignorer qu'ils sont en société et à faire comme si leurs rapports allaient de soi, aux antipodes de l'esprit de l'ancien ordre religieux, pour lequel le lien devait être voulu et cultivé comme tel pour exister. C'est par ce trait que le marché va encore plus loin que la politique dans le besoin de se reposer sur des fondations extrinsèques. La politique reste un domaine régi par des règles explicites et des contraintes acceptées, alors que le marché, même s'il est en fait enserré dans des obligations légales sans lesquelles il ne serait pas concevable, a pour philosophie intime la rencontre des agents hors de toute contrainte directrice — à eux de définir ce que doivent être leurs rapports — et sans nul souci de ce qui les met en présence. Ce pourquoi son développement et son autonomisation sont des tests particulièrement significatifs de la mutation du lien politique à l'âge moderne. Le marché est l'exemple le plus avancé de ce que l'État moderne, dans ce qu'il a de plus spécifique, rend possible. Il émerge au croisement de la monnaie et du territoire, de la captation de l'instrument monétaire par le pouvoir souverain et de la constitution d'un espace social homogénéisé par son accessibilité interne et sa garantie externe. Il se développe, à l'âge du progrès, avec la multiplication des biens issus du travail et la latitude conquise par les personnes à l'intérieur des anciens liens obligatoires. Il s'autonomise à l'âge de l'histoire, avec la double consécration de la liberté des acteurs et de la société de travail. Il se boucle sur lui-même, il se met véritablement à fonctionner comme un système autoréglé, avec la destitution du politique de son ancienne primauté ordonnatrice et son passage dans la production implicite ou infrastructurelle de l'unité collective, au profit de la manifestation explicite de la diversité sociale dans la politique représentative. Il s'impose, autrement dit, comme l'autre versant du renversement libéral. Tandis que, d'un côté, le gouvernement devient l'expression d'une société distincte de lui et détentrice de la légitimité, de l'autre côté, le marché se dégage à l'intérieur de cette société comme un domaine pourvu de son automaticité propre (dont les « crises » seront le révélateur en négatif, à mesure que l'on avance dans le XIXe siècle). Mais cela, dans l'un et l'autre cas, sur fond d'une construction matérielle et d'une instauration symbolique de la cohérence de l'être-ensemble assurées par l'État-nation, qui trouve là son rôle original, sa destination spécifique en regard des formes politiques antérieures. C'est à partir de ce passage du politique en position d'instituant tacite qu'il faut comprendre la dynamique de l'extension du marché. Elle est alimentée par l'expansion de la richesse, par le nœud qu'elle passe avec l'industrialisation, par la monétarisation et l'individualisation de la vie sociale. Mais elle est en outre portée par l'établissement d'un espace collectif à l'intérieur duquel des rapports libres de toute responsabilité envers sa perpétuation peuvent se déployer. C'est grâce à la consolidation de l'infrastructure politique que la marchandisation se généralise. Elle avance du même pas. Elle progresse en même temps que l'autonomisation de la société civile et l'approfondissement de l'exigence représentative. Ce sont des processus corrélatifs, tous semblablement soutenus par cette métamorphose décisive du politique qui lui ôte la définition de l'ordre social pour lui confier l'institution de l'être-ensemble. Le marché n'est pas qu'une institution économique ; il a vocation à devenir un modèle général des rapports sociaux. C'est en ce sens que l'on pourra voir un jour se dessiner quelque chose comme une « société de marché ». Mais ce ne pourra jamais être le seul modèle — tout au plus le modèle temporairement hégémonique, à la faveur d'une conjoncture particulière. Et sous la dilatation de la sphère des rapports marchands, il faudra savoir discerner la solidification souterraine de la forme politique qui la rend possible.

La société de l'histoire sera tout à la fois, ainsi, la société du régime représentatif et des libertés civiles, la société de l'État-nation, la société des individus et des masses, la société de la politique et la société de l'économie — la société de l'industrie, du travail et du marché. Kaléidoscope extraordinaire, faisceau d'ambiguïtés et tissu de tensions dont le dépli donnera le tournis aux contemporains. Comment déchiffrer cet univers dont les faces se multiplient en même temps qu'elles se transforment ? La grande question permanente du nouveau monde sera fatalement celle du jeu de ses différentes lignes de force entre elles, de leurs préséances et de leurs discordances.

Chapitre VIII

LES IDOLES LIBÉRALES : LE PROGRÈS, LE PEUPLE, LA SCIENCE

Maintenant que l'on a l'inventaire structural du nouveau monde qui advient avec l'historicité — l'orientation vers la production de soi — et le principe général de corrélation entre ses différentes faces, il s'agit de comprendre le mouvement. C'est ce qui ne cessera plus de nous occuper jusqu'au terme de notre entreprise.

On l'a dit, la première moitié du XIXe siècle est le temps de la gestation confuse de ces diverses dimensions, de l'économie à l'État-nation, de l'individu selon l'histoire aux classes sociales, des libertés civiles au régime représentatif. Elle s'opère, pour l'essentiel, sous un signe conservateur. Il serait possible, à cet égard, de distinguer deux phases dans cette période de la Restauration en Europe, toujours en schématisant à outrance et afin de typifier les scansions du parcours : une première phase de conservatisme libéral, 1815-1830, et une seconde phase de libéralisme conservateur, 1830-1848. L'accent est évidemment placé, dans cette caractérisation, sur le point d'équilibre idéal qu'il paraît plausible de sauvegarder. La divine surprise de l'âge de l'histoire a été la possibilité qu'il a semblé offrir de recomposer et de stabiliser la forme religieuse, monarchique, hiérarchique et organique, au sein du nouvel élément, moyennant l'intégration des acquis rationnels et juridiques tenant à la prise de conscience du devenir. Continuité conservatrice de l'héritage, ouverture libérale au sens du singulier, à la vérité de la société et à la raison du droit : c'est ce point d'équilibre que Hegel, on l'a vu, définit admirablement en 1820. L'onde nationalitaire de 1830 ruine les bases de cette synthèse et déplace le curseur un cran plus loin. Les gouvernements doivent être nationaux et représentatifs. L'accent primordial est passé du côté de l'exigence libérale d'expression de la société, par rapport à la primauté conservatrice de l'autorité. Mais cela n'empêche aucunement de vouloir sauver la forme religieuse et de la croire sauvable sur ces bases renouvelées. Au contraire, en écartant les résidus rétrogrades de l'Ancien Régime, elles peuvent paraître créer les conditions d'une fusion enfin réussie entre l'ordre éternel des corps politiques dans ce qu'il comporte de rationnel et les réalités inédites d'une société de travail et de mouvement. La prépondérance de l'autorité politique sera d'autant mieux assurée qu'elle s'appuiera sur l'exercice de la raison publique. La hiérarchie sociale sera d'autant plus indiscutable qu'elle sera ouverte aux élites qui naissent de la richesse et qu'elle prendra en compte la puissance de la classe moyenne. Les appartenances des individus seront d'autant plus serrées et vivantes qu'au lieu de les enfermer dans des carcans périmés elles mobiliseront leurs initiatives et se déplaceront avec l'invention collective. Bref, le principe libéral bien compris est la clé d'une conservation bien entendue : il concilie l'acquis des siècles et l'apport de l'histoire. C'est très exactement ce dont un Peel en Angleterre ou un Guizot en France sont convaincus, et nombre d'esprits avertis et pondérés avec eux. Dans le registre spéculatif, la synthèse de l'ordre et du progrès prônée par Auguste Comte ne dit pas autre chose. La raison qui préside à l'avancement des sciences et à l'accroissement des moyens matériels est faite pour se marier avec le cadre d'un pouvoir consacrant, comme classiquement, la suprématie spirituelle et la contrainte temporelle, à ceci près que ce ne peuvent plus être celles de l'Église et du Roi, puisque les savants et les industriels les ont irrévocablement supplantés en tant que puissances ordonnatrices. Mais, si le contenu de l'ordre a changé, son principe est resté le même. La forme définitive de l'établissement humain, telle qu'elle arrive aujourd'hui à réalisation, consistera dans l'harmonieux mélange de ses nécessités de toujours avec la nouvelle teneur des activités collectives.

C'est cette foi dans la possibilité de couler le nouveau dans l'ancien, ou de retrouver l'ancien de l'intérieur même du nouveau, qui s'écroule en 1848. Le renversement libéral ne se laisse pas contenir dans les bornes de l'antique économie de l'assujettissement, même rénovée. Il porte beaucoup plus loin. Il est de sa nature d'abattre les trônes et les autels — s'il les conserve, c'est au titre du patrimoine qu'ils représentent, en les neutralisant politiquement. L'exigence représentative est d'une logique inflexible ; elle ne s'accommode d'aucun pouvoir extrinsèque, incarnant une légitimité antécédente et suréminente par rapport à celle de la société actuelle. Elle veut un pouvoir neutre, enregistrant fidèlement les choix du corps électoral, hors de toute prétention ordonnatrice *a priori*. Elle requiert semblablement l'ouverture universelle du suffrage. Comment croire qu'une partie de la société peut valablement parler pour le tout, comme si elle le résumait naturellement, de par sa supériorité de fortune, de lumières et de fonctions ? Il n'y a de représentation que directe et procédant d'une délégation expresse. La collectivité doit être consultée dans son ensemble, c'est-à-dire dans la somme des individus qui la composent, pris à égalité. Pas plus qu'il n'y a de hiérarchies qui expriment les dominés au travers de la voix des dominants, il n'y a d'appartenances qui font parler les communautés, en quelque sorte, à la place de leurs membres. Seule la volonté de ceux-ci, formellement manifestée, est susceptible de faire foi. Une fois les prémisses libérales admises, c'est la totalité des articulations de la forme religieuse qui se dissolvent de proche en proche à leur acide. Bref, le libéralisme porte un monde par lui-même, et un monde incompatible avec l'ancien monde. Telle est la contradiction qui se dévoile avec fracas dans le printemps des peuples.

Certes, l'enthousiasme fait long feu, sur l'instant ; il se révèle vite tragiquement insuffisant pour constituer la liberté en régime, et gros à son tour de contradictions irrésolues. La destruction annoncée des anciens régimes sera finalement conjurée durant une dizaine d'années par une réaction vindicative. Mais autour de 1860 l'étau des autoritarismes — des « absolutismes », comme on dit volontiers à l'époque — se desserre. L'expulsion de l'Autriche d'Italie en 1859, avec l'aide de la France, donne le signal du grand réveil du mouvement national en Europe. Ce que nous savons après coup de ses ambiguïtés, dont on ne tardera pas, d'ailleurs, à rencontrer les premières manifestations, ne doit pas faire oublier l'inspiration qui l'anime, à ce stade, et qui en fait un vecteur privilégié de la cause libérale, dans son acception la plus large. En réclamant la prise en compte de la volonté des peuples et l'adéquation des gouvernements qu'ils coiffent, il propage bel et bien le principe du renversement de légitimité, même s'il n'en livre pas avec précision les modalités d'application. Outre la défaite italienne, le centralisme impérial est attaqué en son cœur, en Autriche, par la question des nationalités ; il doit concéder le dédoublement de l'Autriche-Hongrie, en même temps qu'un cadre constitutionnel. L'agitation patriotique redémarre en Allemagne autour de la cause de l'unité. L'Empire autocratique entame sa libéralisation, en France ; il s'ouvre encore plus résolument au libéralisme économique avec le traité de commerce franco-anglais de 1860. Le libre-échange s'érige en norme internationale. En Angleterre, justement, la réforme électorale de 1867 confère au régime parlementaire, sans aller jusqu'au suffrage universel, une assiette suffisamment large pour en faire l'organe du pays. Partout, en Europe, la décennie est marquée, de la sorte, par un irrésistible essor de l'esprit de liberté qui remodèle les institutions. Le mouvement ne s'arrête pas, du reste, aux frontières du Vieux Continent. L'élection de l'abolitionniste Lincoln, aux États-Unis, en 1860, et la guerre qui s'ensuit avec le Sud, l'émancipation des serfs en Russie, l'année suivante, montrent que c'est à une échelle plus vaste que le vent de l'histoire a tourné. Le libéralisme triomphe ; il se transforme en l'emportant ; il devient démocratique en même temps qu'il accède au poste de commandement. Le renversement du rapport entre pouvoir et société dont il avait porté l'exigence depuis le début du siècle demande en fait, pour aller au bout de son principe, une société d'individus, et donc une politique universaliste et égalitaire.

Pour autant, la forme religieuse n'a pas dit son dernier mot. Elle est battue en brèche, ses attestations tangibles s'effacent. Là même où les vestiges en subsistent, ils perdent leur fonctionnalité et leur signification d'origine. La fidélité à l'héritage peut bien sauver l'incarnation monarchique, comme exemplairement en Angleterre, ce qu'elle pouvait conserver de force symbolique en tant que figuration de l'extranéité du fondement s'abîme dans les eaux prosaïques du calcul électoral. C'est le « gouvernement par discussion » qui commande, selon l'éloquente formule des Whigs devenus Libéraux ; et il ne commande pas moins dans la royaliste Angleterre qu'il ne va commander dans la République à la française, violemment hostile à la personnification du pouvoir, de par les épreuves répétées de l'histoire. Il y aura encore longtemps des aristocraties pour faire rêver. Mais ce que l'altérité hiérarchique pouvait garder de capacité de vertébration des rapports sociaux achève de s'évaporer au profit de la similitude égalitaire. Nombre d'institutions, de corporations, de communautés s'acharneront à maintenir leur insularité et leur particularisme. Cela ne leur rendra pas leur puissance d'inclusion organique ou l'ombre qui en subsistait, irrévocablement dissoute par la déliaison individualiste. Il n'empêche que l'économie de l'Un sacral, officiellement répudiée, privée de ses relais traditionnels, perdure souterrainement et continue de remplir un rôle structurant. Elle demeure le patron global, elle se recompose invisiblement au travers de ce qui la nie, elle fournit leur assiette aux principes qui supplantent ceux dont elle procédait. Cette persistance secrète de l'Un religieux est le fait fondamental autour duquel gravite le devenir ultérieur de la modernité. Il en explique les scansions et les vicissitudes. C'est la face cachée du parcours des sociétés sorties de la religion depuis l'âge d'or libéral qui s'ouvre autour de 1860 : leur destin est commandé par leur rapport à ce qui leur échappe d'elles-mêmes, à savoir ce qui persiste en elles de la forme religieuse à laquelle elles tournent le dos.

Cette assise secrètement trouvée dans l'Un religieux explique le bonheur unique dont jouira cet âge d'or libéral. Ce sera véritablement le moment de grâce de la modernité. Les valeurs modernes règnent enfin sans mélange, et leur règne se coule sans effort ni contradiction, pour finir, dans la forme de toujours de l'établissement humain. Mieux, il prête une consistance supérieure et plus ferme à cette unité vers laquelle tendaient anxieusement les sociétés du passé et qu'elles n'obtenaient que par de mauvais moyens. Personne n'y songe en ces termes, c'est une sécurité implicite, mais d'autant plus puissante. Sauf que ce ne sont pas les valeurs modernes qui sont sources de l'unité, mais leur lecture et leur modelage sur le patron de l'Un religieux. Le développement de leurs expressions commencera bientôt à montrer que leur vocation intrinsèque n'est pas d'entrer dans ce moule, comme on avait d'abord pu croire. Elles le débordent, au contraire, elles le corrodent, elles le contredisent. La « crise du libéralisme », telle que les premiers craquements s'en font sentir à partir de 1880, sera au plus profond une crise de cette forme unitaire tacitement reconduite, et battue en brèche non plus, cette fois, dans ses articulations visibles, mais dans son substrat invisible, par le déploiement politique et social de la dynamique libérale. De là l'immense dilemme du premier XXe siècle, un dilemme d'autant plus angoissant et aigu qu'il ignore sa véritable cause. Dans le sillage de son explosion, le siècle se partagera entre la tentation folle de se réapproprier et de restaurer cette unité qui se dérobe et la construction tâtonnante et obscure d'un mode d'unification alternatif par rapport à l'union religieuse, un mode d'unification autorisant l'expression des différenciations et des divisions inhérentes à la société de l'histoire. La solution totalitaire séduira, en sa compacité monstrueuse, par la promesse d'une issue définitive, en regard de la faiblesse chronique et des pitoyables tiraillements de la liberté bourgeoise. Et puis, quelque part dans les années 1970, les termes de la comparaison se renversent : c'est la stabilisation des démocraties libérales qui se met à ressortir et qui fait prime, en regard des contradictions mortelles grevant les tyrannies communistes. La nostalgie — insue — de l'Un sacral s'évanouit devant l'invisible unité profane dont disposent désormais les régimes de l'autonomie. Mais ce ne sera pas encore le bout de la route. L'évidence démocratique ne s'impose que pour déboucher sur une épreuve inattendue. C'est que l'alternative à l'Un religieux, laborieusement édifiée dans les soubassements de la politique de l'histoire, continuait d'employer à son service une part non négligeable de ce qu'elle travaillait à supplanter. Avec le succès de sa formule, les restes de ce socle se sont désagrégés. Leur disparition nous plonge dans un nouvel inconnu. Elle se traduit par une vertigineuse dessaisie qui soustrait les collectifs à la prise. Il va falloir maintenant combler les vides creusés par cette liquidation ; nous allons devoir créer artificiellement les outils et les rouages que nous empruntions sans le savoir à la forme religieuse. Nous n'avons pas encore fini d'apprendre à nous passer d'elle. Le dernier bout du chemin ne sera peut-être pas le moins rude.

L'insistance souterraine de l'Un religieux est le paramètre organisateur, ainsi, de la marche des sociétés européennes depuis ces parages de la mi-

XIXe siècle où elles s'arrachent officiellement à son orbite en achevant de basculer vers l'avenir. Elle en commande le cours, soit par les effets positifs qu'elle produit, soit, comme dans la dernière période, au travers de l'effet de souffle induit par son implosion. Aussi ne saurait-on accorder trop d'attention à cette dimension secrète qui soustrait aux acteurs une part déterminante de l'histoire qu'ils vivent. Il faut méthodiquement la tirer de l'ombre et la suivre dans ses diminutions successives. L'analyse du premier moment de cette existence officieuse est stratégique, de ce point de vue. Une fois que l'on a cerné les voies par lesquelles la forme religieuse se perpétue, en l'absence de ses relais classiques, durant ce moment heureux où l'endroit moderne coïncide avec un envers traditionnel, on tient le fil conducteur qui permet de s'orienter dans une suite beaucoup plus opaque encore. Le paysage se brouille singulièrement, en effet, à partir de l'instant où l'évidence tacite de l'Un est mise en question par la dynamique des divisions modernes. Mais, durant l'âge d'or libéral, l'accord de la lumière et de l'ombre est harmonique. L'autonomie gouverne officiellement, tandis que l'héritage de l'hétéronomie commande officieusement. C'est la formule de cet équilibre qu'il faut dégager pour avoir la mesure du phénomène.

Il ne s'agit pas d'une synthèse ou d'un mélange, mais d'une conjonction transitoire de contraires. L'envers — l'Un religieux — contredit l'endroit, tout en lui communiquant sa forme. Et s'il peut le faire, c'est que l'endroit — les principes et les expressions de l'autonomie — en est encore à un stade embryonnaire de développement. Ses vecteurs n'ont pas atteint la puissance qui leur permettrait d'imposer leur forme propre de déploiement, tout en détenant suffisamment de force, d'ores et déjà, pour que leur contenu prévale. Cette remarquable association va passer principalement par trois canaux. Elle va emprunter la voie, d'abord, d'une inscription de l'engendrement futuriste du devenir à l'intérieur de l'Un des temps, sous l'aspect du *progrès*. Elle va emprunter la voie, ensuite, d'une conciliation de l'autonomie de la raison avec l'unité des esprits grâce à la *science*. Elle va emprunter la voie, enfin, d'une adéquation de l'autogouvernement et de l'Un politique sous les traits du *peuple*. Progrès, science, peuple : plus que trois notions fétiches, trois notions intégratrices qui vont fonctionner comme des schèmes, durant une cinquantaine d'années, en faisant entrer le triomphe de la liberté dans l'unité du genre humain avec lui-même. Car si, à compter de 1880, des incertitudes croissantes affectent et minent la coappartenance des deux univers, jusqu'à la Première Guerre mondiale la promesse continue malgré tout de paraître tenable : l'univers de l'après-religion ressemble, pour ce qui est en fait le principal, c'est-à-dire sa configuration ultime et intime, à l'univers de la religion.

S'il est un mot qui condense les aspirations de 1848 et qui sort sacralisé de la tourmente, c'est celui de « peuple ». Son antiquité vénérable, la polysémie confuse accumulée au cours de son long périple ne doivent pas masquer les fonctions nouvelles et précises dont la conjoncture le charge. Il est un carrefour dans le contexte. Les données inédites de la situation convergent en lui. Il fédère en un vocable unique l'ensemble des causes à l'ordre du jour, le gouvernement représentatif, la dignité des individus, l'intégration sociale des laborieux et des humbles, les espérances et les nécessités de l'histoire, la liberté des nations. Mais, au-delà de cette faculté synthétique, son rôle majeur est d'opérer la conciliation de ces facteurs de rupture par rapport à l'ordre traditionnel avec une figure de parfaite unité de l'établissement humain. Passé le cap révolutionnaire de l'instauration du pouvoir du peuple, l'humanité sera incomparablement plus soudée avec elle-même qu'elle ne l'avait jamais été auparavant. Telle est la promesse eschatologique dissimulée dans la modestie du terme. Élargir le droit de suffrage afin que la nation tout entière soit représentée, c'est à la fois abolir les séparations internes de la communauté politique et l'extériorité du pouvoir. Comme le dit Lamartine, « nous avons fondé une république égalitaire où il n'y a qu'un seul peuple, composé de l'universalité des citoyens, où le droit et le pouvoir public ne se composent que du droit et du pouvoir de chaque individu[1] ». Qui plus est, au sein de cette fusion du peuple et du pouvoir, chaque individu compte pleinement pour lui-même, tout en se liant étroite-

---

1. Alphonse DE LAMARTINE, Discours du 25 février 1848, in *La France parlementaire*, Paris, 1865, t. V, p. 172.

ment avec ses pareils. L'existence personnelle solidifie l'appartenance collective, au lieu de la contredire. C'est en ce sens que Walt Whitman déclare vouloir chanter « la personne simple séparée, le Soi-même », en même temps qu'exprimer « le mot Démocratique, le En-Masse »[1].

Encore ne s'agit-il là que de mises à jour d'une thématique qui était déjà à l'œuvre dans la « souveraineté du peuple » des Lumières. Les ressources de la notion embrassent beaucoup plus large. « Peuple » donne un nom, ainsi, à la « question sociale » surgie depuis 1840, en même temps qu'il se présente comme la solution. Il signifie l'exigence de justice et d'inclusion inhérente à la société de travail, par opposition à l'idéal hiérarchique cultivé par l'ancienne société de commandement. Michelet le note en 1846, en ouverture du *Peuple*, « le vrai nom de l'homme moderne » est « celui de *travailleur* »[2]. Comment admettre que le vrai peuple qui fait vivre la Cité, le peuple des masses paysannes et ouvrières, n'y jouisse pas de sa place reconnue ? La réponse vient avec la question. Une fois le pouvoir du peuple consacré, c'en sera fini de ces divisions et de ces dépendances qui attentent à la cohésion et à la solidité de la Cité. Le peuple annonce une ère où tous auront identiquement part à l'existence en commun.

Il est par ailleurs encore le héros de l'âge de

---

1. Walt WHITMAN, *Feuilles d'herbe*, trad. fr. Jacques Darras, Paris, Gallimard, 2002, p. 29.
2. Jules MICHELET, *Le Peuple*, éd. de Paul Viallaneix, Paris, Garnier-Flammarion, 1974, p. 58.

l'histoire. En sa créativité anonyme, il détrône les prétendus « grands hommes » du passé qui ne devaient leur éclat usurpé qu'à la captation indue d'une œuvre qui n'était pas la leur. À côté de la *société*, qui désigne le creuset du devenir au présent, à côté de la *nation* institutionnelle du régime représentatif, le *peuple* s'impose comme l'authentique sujet politique de l'histoire, l'être qui assure son invention continuée à l'échelle de la longue durée. Par où il fonctionne comme un principe d'unification sur le plan temporel, que l'on retrouvera à propos du progrès — le peuple est le héros collectif de l'histoire comme progrès, dans l'acception précise que celui-ci acquiert au cours de la seconde moitié du XIXe siècle. Être du peuple, c'est participer d'une identité en marche, d'une permanence en mouvement où les apports des générations successives se fondent en une seule et même œuvre.

C'est au titre de cette puissance d'histoire qu'il y a un droit des peuples à exister, « à disposer d'eux-mêmes », suivant la formule fameuse qui présidera aux revendications des nationalités. Sous cet aspect, la notion pourrait paraître redevenir un principe de scission. C'est tout le contraire dans l'esprit des promoteurs du mouvement. La libre existence des peuples en tant que nations, leur unité intérieurement vécue, est le canal par lequel elles rejoignent l'unité du genre humain. Michelet, de nouveau : « La patrie est l'initiation nécessaire à l'universelle patrie[1]. » Nul n'exprimera avec plus

---

1. *Ibid.*, p. 220.

d'énergie et de foi cette harmonieuse conjonction de la nationalité et de l'humanité que Mazzini, le père spirituel du Risorgimento. L'expérience de la liberté collective est ce qui ouvre sur la communion avec l'universalité de ses semblables. C'est en cela qu'elle est un « chemin du ciel sur la terre[1] ». La religiosité du propos n'est pas accidentelle. Elle se retrouve, du reste, chez la plupart des promoteurs et apologètes du peuple (et elle fonctionne de manière inavouée lorsqu'elle n'est pas hautement affichée). S'il y a effectivement eu une « mystique du peuple » durant le second XIXe siècle, c'est en un sens qui va plus loin que la simple métaphore. C'est que sa figure a été l'opérateur d'une reconduction de la forme du monde sacral au milieu de l'avènement du pouvoir des hommes. Il est concevable que l'on ait pu aller jusqu'à croire que la vraie religion était avec lui, puisque au travers de son règne l'autonomisation de la politique profane a paru amener l'Un que l'on attendait jusque-là du lien entre Ciel et Terre.

Dans le sillage immédiat des échecs de 1848, la science apparaît comme un refuge. Le statut officiel qu'elle avait commencé d'acquérir au cours des années 1840 en fait un môle de résistance soustrait aux entreprises de la réaction. La politique étant interdite, il est un terrain au moins sur

---

1. Giuseppe MAZZINI, *Pensées sur la démocratie en Europe*, trad. fr. Serge Audier, Caen, Presses universitaires de Caen, 2002, p. 55.

lequel le discrédit de la vision religieuse des choses et le refus des autorités transcendantes vont pouvoir continuer de capitaliser leurs gains. C'est à la science qu'il va revenir d'enfoncer le coin dans l'édifice de la tradition que la liberté démocratique n'est pas parvenue à introduire durablement. La contre-offensive est particulièrement spectaculaire en Allemagne. Du *Circuit de la vie* de Moleschott en 1852 à *Force et matière* de Ludwig Büchner en 1855, une rafale de livres à grand écho public propage et installe la réorientation des esprits. À défaut de changement de régime, le changement de climat intellectuel est acquis. L'esprit positif supplante la métaphysique romantique sur sa terre d'élection ; l'ère du réalisme succède à celle de l'idéalisme ; le goût de l'explication réductrice — « l'homme n'est rien d'autre que... » — prend la relève de la spéculation magnifiante, telle que l'idée de vie et l'idée d'histoire l'avaient relancée depuis le début du siècle. Tout ce qui était idéalisé doit être démystifié ; tout ce qui semblait renvoyer vers une surnature doit être naturalisé. En 1859, le coup de tonnerre de *L'Origine des espèces* de Darwin consacre le pouvoir de la science de battre les religions sur leur propre terrain. La théorie de l'évolution substituée à la mythologie de la création, c'est le symbole de la capacité de l'homme à se rendre un compte rationnel de sa destinée par ses seuls moyens. Les questions dites dernières sont élucidables par l'investigation empirique. Les sciences sont en mesure de fournir une explication d'ensemble des phénomènes naturels qui ne laissera rien dans l'ombre. Au cours des deux décennies suivantes, la fortune mondiale de la « philosophie synthétique » de Herbert Spencer popularisera l'idée d'une « conception scientifique du monde » répondant à la totalité des problèmes classiques sur la base des conquêtes de la connaissance positive. Ce que les plus folles rêveries des penseurs en chambre n'avaient qu'effleuré, la discipline du laboratoire va le réaliser. De l'importance d'en codifier les règles. En France, l'*Introduction à l'étude de la médecine expérimentale* de Claude Bernard apporte son bréviaire, en 1865, à la nouvelle espérance. La ferveur avec laquelle il est accueilli en dit long sur les attentes investies dans cette alternative méthodique à la foi.

Car l'âpre bataille avec la religion par laquelle se traduit cette montée en puissance ne doit pas égarer. La « lutte entre la science et la théologie », le « conflit de la raison et du dogme » qui absorbent les esprits et occupent la scène ne doivent pas dissimuler l'homologie de structure que présentent l'autorité montante et l'autorité déclinante. La science qui triomphe tire une part essentielle de son rayonnement du fait qu'elle se coule dans la forme intellectuelle de la religion qu'elle remplace. Les termes ont beau être aux antipodes, elle n'en répond pas moins au même ordre de la pensée. Voilà pourquoi l'affrontement est si violent : il s'agit d'occuper la même place. C'est pour ce motif que les deux grandes percées de la période charnière jouent un tel rôle : la loi de la conservation de l'énergie, formulée par Helmholtz en 1847, et la théorie darwinienne de l'évolution par la sélection naturelle. Entre « l'unité universelle des forces de la nature » et l'unité du processus présidant à l'apparition et à la transformation des espèces vivantes, elles jettent les bases d'une « science unitaire de la nature »[1] Elles mettent la science en position de proposer des explications globales et ultimes de l'univers, tout en fournissant les cadres de la « systématisation finale des conceptions humaines » qu'Auguste Comte appelait de ses vœux. Qui plus est, de par cette extension, elles éclairent la « question suprême », celle de « la détermination de la place que l'homme occupe dans la nature et ses relations avec l'ensemble des choses », comme l'écrit Huxley en 1863[2]. Elles fondent une morale de la science, en un mot, capable d'élucider positivement le sens de la vie à la lumière de l'organisation cosmique.

C'est forte de cette complétude que la science devient la source d'une « nouvelle foi » destinée à chasser « l'ancienne », suivant le titre d'un livre du vieux David Strauss qui fera sensation à sa parution, en 1872[3]. C'est en Allemagne, toujours, que la nouvelle foi aura ses prêtres et ses fidèles

---

1. Ernst HAECKEL, *Les Énigmes de l'univers* [1899], trad. fr., Paris, 1903, p. 6. Sur la percée de la science dans l'Allemagne des années 1850 et sur le rôle de la « conception scientifique de la nature », il reste intéressant de se reporter au tableau informé et frappant qu'en donne ENGELS dans *La Dialectique de la nature* (trad. fr., Paris, Éditions sociales, 1968, pp. 196-198).

2. Thomas HUXLEY, *Evidence As to Man's Place in Nature*, Londres, 1863, p. 9 (trad. fr., Paris, 1868).

3. David F. STRAUSS, *L'Ancienne et la Nouvelle Foi*, trad. fr., Paris, 1876. Rappelons l'effet déclenchant de son iconoclaste *Vie de Jésus*, en 1835. Strauss est mort en 1874.

les plus zélés, en la personne, par exemple, du naturaliste Haeckel, propagandiste infatigable de la « religion moniste », conçue pour tirer toutes les conséquences de « l'unification de notre conception de l'univers »[1]. Mais un Zola, en France, ne professe pas un autre credo. Son *Paris*, en 1898, culmine sur une péroraison prophétique : « Une religion de la science, c'est le dénouement marqué, certain, inévitable de la longue marche de l'humanité vers la connaissance. » Il pense même discerner la teneur que revêtira cette religion. Elle écartera « l'idée de la dualité de Dieu et de l'univers » au profit de « l'idée de l'unité, du monisme [...], l'unité entraînant la solidarité, la loi unique de vie découlant par l'évolution du premier point de l'éther qui s'est condensé pour créer le monde »[2]. Le motif qui préside à la reprise du mot de « religion » est limpide : religion il y a en ceci que la science promet une vie selon l'Un, selon la cohérence des raisons de toutes choses et selon la conformité à la loi du Tout. Les protagonistes et les témoins de cette appropriation polémique ne voient naturellement que l'antagonisme inexpiable des deux modes de pensée. Mais l'identité de forme et de fonction qu'ils postulent entre la religion de la science et la religion de la révélation n'est pas moins remarquable. Le règne de la raison en train d'advenir se présentera comme le

1. Ernst HAECKEL, *Le Monisme, lien entre la religion et la science. Profession de foi d'un naturaliste*, trad. fr., Paris, 1897.
2. Émile ZOLA, *Paris*, Paris, Gallimard, « Folio classique », 2002, pp. 625-626.

règne de la foi en train de s'écrouler. Il le remplacera point pour point. Comme lui, il assurera la concorde des esprits, la solidarité des êtres et leur conformité à l'ordre des choses. Formidable sécurité du déjà connu dont il faut avoir pris la mesure pour apprécier l'ébranlement de la suite, lorsqu'il s'agira de plonger dans l'inconnu.

Pas plus que la notion de peuple ou la notion de science, la notion de progrès ne date de la mi-XIXe siècle. Elle a, à cette date, un passé considérable derrière elle. C'est à ce moment-là, toutefois, qu'elle monte au pinacle. Elle trouve un emploi exactement analogue à celui de ses notions sœurs, dans son registre, qui va la propulser au zénith de son influence. L'âge d'or libéral sera un âge d'or du progrès. La notion va servir à concilier la consécration de l'histoire avec la reconduction de l'unité des temps. On a vu le progrès nommer, à partir de 1750, une première réorientation de l'expérience collective vers le futur et un début de conscience du pouvoir des hommes d'améliorer leur sort dans la durée. Et l'on a vu comment le surgissement de la conscience historique proprement dite, autour de 1800, l'avait absorbé au sein d'une idée plus large du devenir, l'historicité désignant la puissance de se faire soi-même, associée à la capacité de se connaître en se faisant. Mais on a vu également en quoi la percée de l'histoire ainsi conçue s'était traduite par un retour à l'ordre transcendant de l'intérieur du devenir immanent. Ce que les Lumières avaient proscrit au nom du progrès, la perspective historique le réhabilite au nom du savoir de soi conquis dans le temps, qu'il s'agisse du primat de l'autorité, de l'organicité du lien social ou de la continuité réfléchie avec le passé. De là, la dominance conservatrice du premier XIXe siècle, nourrie par la nouveauté de la conscience de l'histoire et le sentiment de la fin de l'histoire qui en découle. Dans ce contexte, le progrès revient avec le libéralisme, avec l'industrie, avec le mouvement de la société et de l'opinion. Il reprend du service, en un mot, au titre de l'inachèvement de l'histoire. La réconciliation terminale n'est pas encore advenue, elle est devant nous, elle requiert la libération des personnes et du dynamisme collectif. C'est dans ce rôle que le progrès prend le pouvoir en 1850. Son épanouissement en majesté a sa manifestation exemplaire dans la première Exposition universelle qui se tient à Londres en 1851. La société du devenir se donne le spectacle des produits de son invention et de la démultiplication de ses forces. L'histoire est ouverte ; on la voit avancer vers le futur à l'œil nu ; c'est proprement dans ce labeur profane au présent qu'elle consiste. L'idée de progrès enregistre ce double déplacement de la conscience de l'histoire qui érige celle-ci en puissance d'avenir et qui la fait dépendre de l'activité pratique des hommes. Nul dessein mystérieux derrière ce constant accroissement de moyens ; rien que les fruits de l'ingéniosité rationnelle et du travail matériel des membres d'une société en marche vers un développement supérieur.

La notion de progrès n'a plus rien à voir dans cet emploi avec ce qu'elle était un siècle auparavant, même s'il existe naturellement des liens d'une acception à l'autre. Elle devient ici une théorie de l'histoire en résumé, une manière synthétique de définir en un seul mot la nature, la structure, le moteur et la direction du devenir. Le progrès va donner son nom à une étape de la conscience historique, l'étape correspondant au renversement libéral, quand la société prend le pas sur le pouvoir, au nom justement de sa puissance d'histoire, et quand, corrélativement, la dimension de l'avenir s'impose comme horizon de l'activité collective.

Mais si le progrès renverse, de la sorte, l'hégémonie conservatrice et la ressaisie de la tradition dans l'élément du devenir dont elle se nourrissait, il n'en sauve pas moins, d'autre part, la continuité des temps à l'intérieur de l'orientation futuriste. Il ouvre sur l'avenir, il consacre la capacité de la produire, mais en assurant son maintien dans le cercle de l'identité par rapport au présent et au passé. Ce sera l'autre facteur de succès de la notion, le motif discret de sa fortune, à côté des motifs affichés de sa séduction. Elle ne promet pas seulement le mieux ; elle promet le même avec le mieux. Le point est fortement marqué chez celui qui a été le grand initiateur de la reviviscence de la notion au cours des années 1840, Auguste Comte. Il oppose ainsi à la *perfectibilité* chère aux Lumières, source à ses yeux d'une grave confusion, de par l'indéfini du mouvement qu'elle évoque, le *développement*, qui combine la croissance de l'organisme social avec la stabilité de son organisation[1]. Ce n'est pas le tout d'envisager les « conditions de la liaison ». Dans le progrès bien compris, la statique et la dynamique se rejoignent. Car « l'ordre artificiel » qu'il est demandé à l'humanité présente de construire ne pourra jamais être qu'un « simple prolongement de l'ordre naturel », de telle sorte que l'avenir et le passé demeureront en intime correspondance au milieu de leur différence. L'« état définitif » que la tendance constante au progrès amène à portée de nos entreprises est à concevoir comme l'« épanouissement de l'état primitif ». C'est par ce caractère d'adepte de l'état définitif, il est vrai, que Comte s'inscrit dans l'orbite conservatrice, en dépit de l'accent progressiste de sa pensée. Quel que soit le rôle qu'il ait joué dans la promotion du thème, il ne pouvait être le prophète de l'âge libéral, étant donné les éléments de la philosophie de l'ordre qu'il reprend à son compte au titre de la synthèse organique de l'ancien et du nouveau. Ses successeurs garderont la science et le progrès en éliminant l'ordonnance autoritaire du système

---

1. Voir en particulier la 48e leçon du *Cours de philosophie positive* [1839] (Auguste COMTE, *Physique sociale*, Paris, Hermann, 1975, p. 129), pour l'édition la plus récente. Voir également la 46e leçon pour l'articulation de cette notion de développement avec la synthèse politique de *l'ordre* et de progrès (*ibid.*, pp. 16 et 71). Le lien entre ordre artificiel et ordre naturel est explicité dans le *Discours sur l'esprit positif* de 1844 (éd. Annie Petit, Paris, Vrin, 1995, p. 153). Les formules relatives à la correspondance de l'état primitif et de l'état définitif viennent du « Préambule général », qui ouvre le tome II du *Système de politique positive* (Paris, 1852, pp. 3-4).

final. Il n'y a plus rien de la juste prépondérance du pouvoir spirituel chez un Spencer, celui sans doute qui fournit la version maîtresse de l'idée ; seul subsiste le mouvement du progrès, en son ouverture sur l'avenir, avec ce que cela veut dire d'adaptation nécessaire des communautés humaines aux conditions optimales de son déploiement. Il n'empêche qu'au fil de ce déplacement de son angle d'application la structure de l'idée, elle, ne varie pas. La formule générale qu'en donne Spencer dans son article canonique de 1857, « Le progrès, ses lois et ses causes », l'élève aux proportions d'un phénomène cosmique et en démultiplie la portée : « La transformation de l'homogène en hétérogène est ce en quoi le progrès consiste essentiellement[1]. » L'enrichissement continu de l'expression par différenciations successives va de pair avec la continuité de la substance qui se différencie. La complexité croissante et la simplicité initiale communiquent et se tiennent. Ramenant plus prosaïquement le problème à sa sphère habituelle d'application, celle de la société humaine, Stuart Mill aura, quelques années plus tard, une définition d'une sobriété parlante pour rendre cette conjonction dans la divergence : « Le progrès, c'est la permanence et quelque chose en plus[2]. » Les adjonctions, les extensions, les amplifications que le corps collectif est suscepti-

---

1. La traduction française de l'article figure dans les *Essais de morale, de science et d'esthétique*, vol. I, *Essais sur le progrès*, Paris, 1877 (p. 41 pour la citation).
2. John Stuart MILL, *Le Gouvernement représentatif*, trad. fr., Paris, 1865, p. 31 (l'original anglais est de 1861).

ble de connaître le laissent égal à lui-même. Autrement dit, la puissance bénéfique attribuée à l'histoire est limitée en même temps qu'elle est reconnue. Le rayonnement de l'idée est fonction de cet équilibre. Elle garantit que le changement générateur qu'elle valorise n'altère pas l'identité à soi de l'humanité en gésine. Sans doute l'œuvre progressive de la durée implique-t-elle l'éloignement du présent par rapport au passé, comme elle oblige à anticiper l'écart du futur. Mais ces différenciations ne s'opposent en rien à la proximité substantielle de ce qui est avec ce qui fut et ce qui sera. Au contraire, la perception du mouvement vers le meilleur a pour effet de lier le présent au passé dont il développe les germes et au futur qui sortira de lui.

C'est de ce sentiment de communion avec l'humanité au travail à travers le temps que vit la « foi dans le progrès », dont la religiosité, tant de fois notée, n'est pas le fruit d'une contamination accidentelle et extrinsèque. Elle procède du dedans. Religiosité du progrès il y a en ceci qu'il retrouve de l'intérieur de l'ouverture sur l'avenir la conjonction identificatoire des temps que la religion assurait au travers de l'obéissance au passé. Il marie la sécurité du socle de l'Un avec la confiance dans le devenir producteur. Comment s'étonner de l'immense attrait de la notion ? Elle a donné à *croire*, dans le sens le plus plein du terme, qu'il était possible de ramasser la mise sur les deux tableaux, de recueillir les bénéfices de l'activisme moderne sans perdre ceux de la dévotion ancienne.

Mais les nouvelles idoles seront vite frappées de décroyance à leur tour. L'emboîtement du profane dans le sacré, sur lequel s'étaient élevés les autels du Peuple, de la Science et du Progrès, va se disloquer sous les coups de boutoir de la dynamique historique. La superbe confiance investie dans ces mots imposants n'y résistera pas. C'était une illusion magnifique que de croire que l'on pouvait enfermer la puissance du devenir dans la forme de toujours de l'établissement humain. Il va falloir faire l'épreuve de ce que la société qui se voit et se veut au futur amène avec elle une manière d'être et de se déployer sans commune mesure avec ce que l'on connaissait. Une manière d'être qui remet radicalement en question ce socle sécurisant de l'unité avec soi sur lequel l'âge libéral croyait pouvoir se reposer. Ce sera la terrible expérience du XXe siècle.

Introduction générale	9
Chapitre premier : *Gouverner l'histoire*	59
Chapitre II : *La grammaire de l'autonomie*	64
Chapitre III : *Le surgissement de l'État et l'éloignement du divin*	77
Chapitre IV : *La fondation en droit et l'invention de l'individu*	99
Chapitre V : *La Révolution française ou le choc du politique et du droit*	149
Chapitre VI : *L'avènement de l'histoire*	163
Chapitre VII : *Le renversement libéral et la découverte de la société*	199
Chapitre VIII : *Les idoles libérales : le progrès, le peuple, la science*	239

DU MÊME AUTEUR

Aux Éditions Gallimard

LA PRATIQUE DE L'ESPRIT HUMAIN. *L'institution asilaire et la révolution démocratique* (avec Gladys Swain), coll. Bibliothèque des Sciences humaines, 1980 ; coll. Tel n° 349, 2007.

LE DÉSENCHANTEMENT DU MONDE. *Une histoire politique de la religion*, coll. Bibliothèque des Sciences humaines, 1985 ; coll. Folio Essais n° 466, 2005.

LA RÉVOLUTION DES DROITS DE L'HOMME, coll. Bibliothèque des Histoires, 1989.

LA RÉVOLUTION DES POUVOIRS. *La souveraineté, le peuple et la représentation* (1789-1799), coll. Bibliothèque des Histoires, 1995.

Benjamin Constant, ÉCRITS POLITIQUES (éd.), coll. Folio Essais n° 307, 1997.

LA RELIGION DANS LA DÉMOCRATIE. *Parcours de la laïcité*, coll. Le Débat, 1998 ; Folio Essais n° 394, 2001.

LA DÉMOCRATIE CONTRE ELLE-MÊME, coll. Tel n° 317, 2002.

LA CONDITION HISTORIQUE. Entretiens avec François Azouvi et Sylvain Piron, coll. Folio Essais n° 465, 2005.

LA CONDITION POLITIQUE, coll. Tel n° 337, 2005.

LA CRISE DU LIBÉRALISME (L'AVÈNEMENT DE LA DÉMOCRATIE II), coll. Bibliothèque des Sciences humaines, 2007.

À L'ÉPREUVE DES TOTALITARISMES 1914-1974 (L'AVÈNEMENT DE LA DÉMOCRATIE III), coll. Bibliothèque des Sciences humaines, 2010.

Chez d'autres éditeurs

L'INCONSCIENT CÉRÉBRAL, Éditions du Seuil, 1992.

LE VRAI CHARCOT. *Les chemins imprévus de l'inconscient* (avec Gladys Swain), Calmann-Lévy, 1997.

UN MONDE DÉSENCHANTÉ ?, Éditions de l'Atelier, 2004.

LE RELIGIEUX APRÈS LA RELIGION (avec Luc Ferry), Grasset, 2004.

LA DÉMOCRATIE D'UNE CRISE À L'AUTRE, Éditions nouvelles Cécile Defaut, 2007.

LA RELIGION EST-ELLE ENCORE L'OPIUM DU PEUPLE ? (avec Olivier Roy et Paul Thibaud ; dir. Alain Houziaux), Éditions de l'Atelier, 2008.

Composition Nord Compo
Impression Novoprint
à Barcelone, le 4 mars 2013
Dépôt légal: mars 2013

ISBN 978-2-07-045077-0 / Imprimé en Espagne.

248412